U0545503

心經

白話解釋

黃智海／著

笛藤出版

前言

在眾多佛教入門的佛經釋注、解釋的書中，黃智海居士的著作的確給初入門的人開了一道「方便」之門，將經文做逐字逐句的解釋，不僅淺顯也詳盡、容易理解。

因為時代的變遷、進步，原書老式的排版，對現在讀者的閱讀習慣較吃力困難，有鑒於此，本社的重新編排，也盡量朝「方便」讀者的方向努力，使大家可以輕鬆的看佛書、學習佛法。

本書有些地方將原文稍做修改，特記如下：

1.標點符號使用新式標點的編排。新版的標點有些地方並不符合標準的標點符號，為了符合演述者的口氣，儘量保存原有的風味敬請察諒。
2.內容太長的地方加以分段。
3.民國初時的白話用字改成現今的用字，例如「彀」改成「夠」。「箇」改成「個」。「纔」改成「才」。「末」改成「麼」……等等意思相同的普通話。
4.有一些地方方言上的語氣詞改成一般普通話的說法或刪除掉。例如：「同了」改成「和」或「與」，「那」、「了」、「的」、「是」的刪除。
5.括弧內解釋的部分用**顏色**印刷，和本文區隔，使讀者更容易讀解。
希望稍做改版後的書，能夠對讀者有所助益，有疏漏的地方，敬請不吝指正是幸。

本社編輯部謹識

目次

般若波羅蜜多心經白話解釋 序

般若經在佛教裏面有許多種類，亦有許多翻譯，而比較完備和數量最大的，要首推唐譯大般若經。大般若經共有六百卷之多，看閱和研究起來，都非少許時間能完成，更遑論背誦？有的，便是這部心經了。

唐譯心經，文簡義周，易於讀誦講說，為古今學者所崇拜，亦我佛教界之盛事。我們知道，整個佛教，因為有廣大的群眾，才分流各種派別與部門，以收攝機教相扣之效。惟這部心經，佔據了每位學佛者的心膛，看啊！叢林早晚功課，必定要誦念它，大小佛事終結時，又必定要誦念它，乃至生事死事，都離不了它，可見其地位之重要了。在學者研究方面，亦非常廣泛，我們只要看看各家於其註解之多，雄冠一切，就可以知道了。

有人要問為什麼這部經會有這麼大的吸引力，受廣大群眾歡迎，愛好讀誦研究？我告訴你，這便是般若的功能啊！

般若是什麼？般若是印度的梵音，譯成我國語言，便是智慧的意思。智慧，又分為世間性和出世間性兩種。在世為人謀生活，乃至福國利民的事業，都離不了智慧，沒有它，什麼事也辦不好，這是它在世間法上的地位。出世間呢？小乘離了它，不能離苦得樂證無生忍，大乘離了它，不能行菩薩道趣正等正覺，這又是何等的重要啊！

般若在世、出世法上的地位，既是如此重要，因而也就被每個學佛人視如至寶了。這部心經，又總攝大般若的精華，包含整個佛法要義，特別的是符合了一般民眾愛簡的習慣，正如什公說「秦人好簡」，一點都沒錯，這便是心經格外受人歡迎、玩味最大的因素。

黃涵之老居士學佛有年，行解相應，鑒於歷來諸家註解太深，初學不易入門，為使其成為適合大眾化的讀品，用深入淺出的筆調，非常謹慎精細地用白話解釋出來，以啟蒙初學，意至善美。書成，要我審核過一遍，並為之序。我很讚歎這部心經白話解釋的問世，它必得大大有益於後學。並望佛教先進人士，今後如作註解時，亦應向黃氏看齊，不要太古董深奧了。

甲午（一九五四）季春　釋大悲謹撰於杭州靈隱丈室

解釋心經的原因和閱讀這本白話解釋的方法

我從前用白話來解釋的阿彌陀經，承各處信佛的男女居士，都說看了很容易懂，我聽到了這句話，又想起了一本朝暮課誦，（就是大家叫慣的朝夜課。）凡是修行的人，不論出家的、在家的、男居士、女居士、大半都念，所以又把那本朝暮課誦，也完全用白話來詳細解釋。

但是看那本朝暮課誦白話解釋的人，當然連書裏的心經，是要一起看的。為什麼朝暮課誦裏的心經，只把般若波羅蜜多心經八個字的經名，用白話來解釋，而所有心經的經文，一句也不解釋呢？這是有緣故的。因為唸心經的人非常多，比念朝暮課誦的人要多得多，所以我把心經的白話解釋，另外印了一本心經白話解釋的單行本，使不念朝暮課誦，只念心經的人，可以單單念一本心經白話解釋即可，不必念朝暮課誦白話解釋裏的心經，但是看朝暮課誦白話解釋的人想要看心經白話解釋，只要多看一本心經白話解釋的單行本，也就可以看到，這不是讓大家都覺得方便嗎？

不過心經不比阿彌陀經，容易解釋，因為阿彌陀經是專門講事相的，容易用白話來解釋，心經是各種般若經裏的一種，（般若，就是智慧。）是專門講智慧、理性的，所以經文雖然不多，但是要用白話來解釋卻很不容易，因為講到理性，不是用白話就能夠講得明白。各位居士們，倘若看了能夠完全明白，當然最好，如果還有不明白的地方，也不要緊，只要多看幾遍，多念觀世音菩薩的名號，慢慢就會自然會開悟，儘管放心學習，千萬不可以怕難而萌生退心。

況且在朝暮課誦白話解釋之前，還有一本叫佛法大意，也完全是白話的，所有心經裏講理性的地方和多意思的名詞，（名詞，差不多是一個名稱的意思。）都用白話來詳細解釋過。所以看這本心經白話解釋的人，最好先把佛法大意細細的看一、二遍，再看這本心經白話解釋，就更加容易懂了。不過在佛法大意裏，已經詳細解釋過的，在這本心經白話解釋裏，就不再詳細解釋了。但也有在佛法大意裏，已經解釋過的，在這本心經白話解釋裏仍舊有解釋，這是因為佛經的解釋有很多面向。同樣的字，或是同樣的名詞，用在這裏可以這樣解釋，用在那裏又可以那樣解釋。在佛法大意裏，是這樣解釋的，在這本心經裏，又那樣解釋了。所以朝暮課誦白話解釋和這本心經白話解釋，兩本書裏，都有解釋，使看的人，可以多了解一些。

有人說，那麼為什麼有許多地方，佛法大意裏，有了解釋，這本心經裏又不解釋了呢？或是解釋得很簡單了呢？也有好些地方，因為阿彌陀經白話解釋裏有了解釋，這本心經裏，也不解釋了，只說阿彌陀經白話解釋裏，已經詳細講過了。

我道：這也是緣故的。我把朝暮課誦解釋成白話，再加上一本白話的佛法大意，這都是要勸人修往生西方極樂世界的。所以在佛法大意裏，處處說到西方極樂世界的好，就是希望看心經白話解釋的人，碰到有些地方看不明白，就去看佛法大意，或是去查阿彌陀經白話解釋，這樣引他看阿彌陀經白話解釋，就可以看到西方極樂世界種種的好處，也會啟動他求往生西方極樂世界的心。將來人人都修往生西方極樂世界，人人都生到西方極樂世界，那麼就達到我解釋這幾本書的心願了。

還有，心經的註解非常多，各人有各人的解釋，所以各種註解各有不同。我學佛很淺，有些不明白的地方，都虧顧顯微居士幫我註解，又請印光老法師詳細改正過，不會有什麼大錯，這是一定要說明的，看的人可以不必疑惑。

講到我編這本心經白話解釋的規則，還是照阿彌陀經一樣，先把名詞和較深的字分開來解釋，歸在解字的下面。再把經的句子，併起來解釋，不只是解釋名詞和較深的字了，連經裏的道理，也一起講，這就歸在釋字下面。這樣，看的人都可以明白了。

黃智海謹識

般若波羅蜜多心經　全文

唐三藏法師玄奘譯

觀自在菩薩，行深般若波羅蜜多時，

照見五蘊皆空，度一切苦厄。

舍利子！

色不異空，空不異色，

色即是空，空即是色。

受想行識，亦復如是。
舍利子！
是諸法空相，不生不滅，
不垢不淨，不增不減。
是故空中無色，無受想行識，
無眼耳鼻舌身意，無色聲香味觸法，
無眼界，乃至無意識界。
無無明，亦無無明盡，

乃至無老死，亦無老死盡。
無苦集滅道。
無智亦無得，以無所得故。
菩提薩埵，依般若波羅蜜多故，心無罣礙，
無罣礙故，無有恐怖，
遠離顛倒夢想，究竟涅槃。
三世諸佛，依般若波羅蜜多故，
得阿耨多羅三藐三菩提。

故知般若波羅蜜多，是大神咒，是大明咒，
是無上咒，是無等等咒，
能除一切苦，真實不虛。
故說般若波羅蜜多咒，即說咒曰：
揭諦，揭諦，波羅揭諦，
波羅僧揭諦，菩提薩婆訶。

般若波羅蜜多心經 全文

唐三藏法師玄奘譯

觀自在菩薩，行深般若波羅蜜多時，

照見五蘊皆空，度一切苦厄。

舍利子！

色不異空，空不異色，

色即是空，空即是色。

受想行識，亦復如是。

舍利子！

是諸法空相，不生不滅，

不垢不淨，不增不減。

是故空中無色，無受想行識，

無眼耳鼻舌身意，無色聲香味觸法，

無眼界，乃至無意識界。

無無明，亦無無明盡，

乃至無老死，亦無老死盡。

無苦集滅道。

無智亦無得，以無所得故。

菩提薩埵，依般若波羅蜜多故，心無罣礙，

無罣礙故，無有恐怖，

遠離顛倒夢想，究竟涅槃。

三世諸佛，依般若波羅蜜多故，

得阿耨多羅三藐三菩提。

故知般若波羅蜜多，是大神咒，是大明咒，
是無上咒，是無等等咒，
能除一切苦，真實不虛。
故說般若波羅蜜多咒，即說咒曰：
揭諦，揭諦，波羅揭諦，
波羅僧揭諦，菩提薩婆訶。

印光老法師鑑定
皈依弟子黃智海註解

隨身版

心經

白話解釋

般若波羅蜜多心經

解　**般若波羅蜜多**，是梵語（般若的般字，讀做波字音。梵語，是印度國的話。印度，是一個國名，在中國的南方。照經上說，是梵天上的人，下來到我們這個世界上，開創印度國，印度人說的話，都是梵天上的話，所以叫梵語。又梵字，是清淨的意思，佛教裏修行的人，都是清淨的，所以就叫修淨行，也就可以叫修梵行。）翻譯成中文，**般若**，就是智慧兩個字。**波羅蜜多**，（波羅蜜多，和波羅蜜，意思是一樣的，不過字音不同罷了。）就是中文的「到彼岸」三個字。彼字，是那邊的意思。「那邊的岸」就是阿彌陀佛所住的西方極樂世界。要到彼岸，一定要全靠這個智慧，但是要用這個智慧，又要全靠這個心，所以叫般若波羅蜜多心經。

釋 這部心經，是專門講心的道理與佛法裏真實的道理。雖然沒有多少字句，但是佛說的大部般若經，總共有六百卷，這六百卷經裏，所有精深奧妙的道理，（奧字，是深、不顯露的意思。）都收在這幾十句經裏了，所以叫般若。

（**般若**雖然說就是智慧，但是和世界上普通的聰明智慧，是兩樣的。聰明可以用在正路上，也可以用在邪路上。佛經裏所說的智慧，是專門用在正路上，是能夠徹底明白佛法裏的大道理、真意義的，一種正的智，和我們這世界上所說的大聰明人，是兩樣的。

世界上所說的大聰明人的智，在佛法裏叫做世智辯聰，意思是說世界上的人，有了邪智，就只曉得學習外道邪教，不肯相信出世的正法。所以世智辯聰，照佛法講起來，是學佛的一種大障礙，也歸在八難裏的。不合佛法的種種道，種種教，都是外道。出世，是出離我們凡夫的世界。

八難，第一是地獄難，第二是餓鬼難，第三是畜生難，第四是盲聾喑啞難，第五就是世智辯聰難，第六是佛前佛後難，第七是北俱盧洲難，第八是無想天難。在朝暮課誦白話解釋，「三途八難俱離苦」一句底下，有詳細解釋。）

般若有三種：

第一叫**文字般若**。文字，就是經的字句，經裏的種種意思、種種道理，全靠這文字來表現出來，傳流開來的。

第二叫**觀照般若**。觀，是觀察，就是查看研究種種法的景象，照，是燭照。譬如用燭光來照東西的意思，就是照見萬象的義理。（萬象，就是種種的形象，種種的事情，種種的東西。義，就是意思。理，就是道理。譬如用了燈，或是用了燭去照黑暗的地方，那所有一切的東西，都可以見到了。現在用智慧去照萬象的義理，就可以照到、見到，所以叫觀照般若。）不論世間法、（是人世間的一切法。）出世間法，（是佛法，不是人世間的法。）一切道理，不用觀察照見的功夫，哪裏能夠徹底的明白呢？

第三叫**實相般若**，（相字，意思就是形相。）實，是真實相，就是**無相**，凡是真實的，不論什麼東西，什麼景象，都是沒有形相的。金剛經上說，凡所有相，皆是虛妄。這兩句經的意思，就是說所有一切的相，都是虛妄的。（虛字，是空的、假的，不實在的。妄字，是不真實的，不正當的。）所以無相的，才是真實的。那麼無相究竟是什麼呢？就是**自心的本體**。（自心的心、不是我們肚裏的肉團心，也不是我們凡夫所說的心，我們凡夫所說的心，其實就是識神。這個自心的心，是沒有形相的真實心，佛菩薩是這個心，凡夫俗子也是這個心，心清淨了，就是佛菩薩，心迷惑了，就是凡夫俗子。

本體，就是實在的質地，也可以當做骨幹，也可以當做基本，或是當做主腦解釋。譬如像一只紙糊的風箏，這竹片紮成的架子，就是風箏的本體。這個解釋，也不過是勉強說說佛經裏講道理的地方，其實不是白話能夠講得清楚的。

真實心，是吾人自然有的，本來有的，不是虛妄的識神。**識神**也可以叫業識，就是凡夫的虛妄知識，在佛法大意裏，有詳細解釋的。）也就是自性的真理。又心，就是**如來藏心**。性，就是**妙眞如性**。也就是諸佛的清淨法身。

（自性，就是自己的本性。

如來藏心，是所有一切看得到的色法，和心裏生出來的種種心法，凡是從這真心裏變現出來的，都叫如來藏心。

妙眞如性的性字，是自己清淨的本性。真，是真實，沒有虛假。如，是完全平等，永遠不變的意思。妙，是靈通巧妙的意思。真實心所現的相，所以也可以叫自性身。但是一定要有了完全無量無邊真常不變的功德，一切法平等的真實，才可以叫做法身。在佛法大意和阿彌陀經白話解釋裏，都有詳細解釋。

諸字，是許多的意思。

色法的色字，在佛經裏不論什麼境界，什麼事情，凡是看得見的東西，叫得出名稱的，都可以叫色，也可以叫法，也都可以叫色法。

心法，是凡夫虛妄心裏變現出來的種種虛妄法，都叫做心法。

圓融，是一點沒有窒礙，也沒有一點固執不通融的意思。

障字，是遮隔、阻礙的意思。

真常不變的常字，是常住的，永遠不變的意思。這種功德，只有佛才能夠有的。

一切法平等，是說在佛法裏，不論什麼法，都是平等的，沒有一點點高下、分別。）一切眾生，也各有這種清淨法身，不過被妄想遮蓋住了，（妄字，本來是虛的、假的意思。妄想、就是亂念頭，沒有一點點真實道理的念頭。）不能夠顯露出來，所以流浪在生死海裏，（流浪，是流來流去，宕來宕去的意思。生死海，就是說我們這個世界，因為生在我們這個世界上的人，生了又死，死了又生，永遠不能夠脫離生死，像跌落到了大海裏，永遠不能夠脫離一樣，所以叫生死海。）永遠不能夠了脫生死，這就是實相般若真實的道理。

一個人能夠明白真實的道理，能夠厭離苦處，羨慕樂處，不走錯路，都是靠這個智慧。要曉得為什麼有生死？要怎樣才可以了脫生死？什麼是真實的？什麼是虛假的？要怎樣才能分辨清楚？怎樣才可以成佛？哪一樣不靠智慧呢？若是愚笨癡呆的人，哪裏會曉得真實的道理？哪裏會曉得生死的苦、**涅槃**的樂呢？（**涅槃**，是梵語，完整說起來，是摩訶般涅槃那六個字，翻成中文，是**大滅度**。**滅**，是滅生死，**度**，是度生死。佛菩薩在世界上度眾生，等到有緣的眾生度完了，沒有人再可以度了，那麼佛菩薩的相，也自然不現了，到這個時候，大家就都說佛菩薩涅槃了，就是這個意思。涅字，又可以當做不生的解釋，槃字，又可以當做不滅的解釋，所以涅槃兩個字，就是不生不滅，也就是了脫生死。

還有一種解釋，把涅槃翻譯做中文的**圓寂**兩個字，道德完全滿足，叫圓，迷惑、障礙完全消除，叫寂。現在凡是比丘、比丘尼死了，都不說是死了，都說是圓寂了，意思就是稱讚他們，像佛菩薩一樣的涅槃了。寂字，還有寂靜不動，沒有忽生忽滅的意思，所以涅槃就是諸佛聖德的極果，真實的境界。上面所講的種種道理，都會在下面經文裏，詳細解釋清楚。

樂字，就是快樂的意思。聖德，是道德最高的意思，用一個聖字，是形容沒有比這種道德更加高的意思。極果的果字，譬如下了種子，結了果的意思，就是說修到怎樣的功夫，得到怎樣的果位，用一個極字，是形容最高的意思，沒有比這種果位更加高的意思。果位，在下面就會解釋清楚。）雖然愚笨癡呆的人，一心念佛也可以往生西方。但是不明白真實的道理，即使能夠往生西方，品位也是不很高。（**品位**，是往生西方的人，有九種高下不同的品位，叫上品上生、上品中生、上品下生、中品上生、中品中生、中品下生、下品上生、下品中生、下品下生。

品位越高，生到西方蓮花裏去，花越開得快，見佛也越早。品位漸漸低下去，那就是花開的時候，見佛的時候，都漸漸的變長了。在觀無量壽佛經白話解釋裏，講得很詳細。）所以修佛法最要緊的，是要明白真實的道理，那就全靠這個智慧了。

波羅蜜多，是到那邊的岸。譬如一條河，河就是苦海，這邊的岸，就是一切眾生生生死死受苦的苦惱世界。（就是**娑婆世界**。娑婆兩個字，是梵語，翻譯成中文，是會忍耐的意思，就是說生在這個世界上的人，會忍耐受這樣的苦。）那邊的岸，就是諸佛菩薩享受快樂的極樂世界。（就是西方極樂世界。）一切眾生，隔著生死的大苦海，受盡種種的苦，沒有方法渡到那邊只有樂、沒有苦的岸上去。觀世音菩薩，看見眾生在這邊岸上受苦，就發大慈悲心，駕了慈航，（駕，就是撐船。航，就是渡船。用佛法來勸化人，使得人人都照佛法去修行，修到能夠從這邊的苦惱岸上，渡到那邊的快樂岸上，就譬如用船來渡人過河一樣，渡人過河，用的是船。渡人從這邊苦惱岸上，到那邊快樂岸上，用的是佛法。慈航，是比喻佛法，因為佛法完全是大慈悲心，所以稱做慈航。駕慈航、就是宣傳佛法，就是用佛法來勸化人。）說種種佛法，把一切誠心學佛的受苦眾生，都勸導他們學佛法，就如把他們完全裝在大慈航裏，渡到那邊岸上去，（眾生雖然苦惱，觀世音菩薩雖然慈悲，但是不肯誠心學佛法的眾生，觀世音菩薩也沒有方法渡他們。）所以叫波羅蜜多。

但是要怎樣學佛法，才能夠渡到那邊岸上去呢？只要把愚癡的虛妄心，去得清清淨淨，把自己本來有的智慧的真實心，發露出來，不但苦可以離，樂可以得，並且還可以超過**九界**，（九界，也可以叫九法界。界字，本來是境界界限的意思，也可以當做一種、一類解釋。佛法裏，常常用慣這個法字，不論什麼事情，什麼境界，都可以稱做法，像法身、法性、法相等都是。並且凡是可以稱做法的，就都可以稱做界，凡是可以稱做界的，又都可以稱做法界。

九界，是菩薩界、緣覺界、聲聞界、天界、人界、阿修羅界、畜生界、餓鬼界、地獄界。加上佛界，總共是**十界**，所以也可以叫十法界。緣覺、聲聞，在下面有詳細解釋的。阿修羅，是梵語，翻譯成中文，是相貌很醜的意思，阿修羅同鬼是一類的，他們也修戒修福的，因為發火心很大，所以落到阿修羅道裏去了，他們常常和忉利天帝釋戰鬥的。）一直進到佛界。

觀世音菩薩說這部心經，就是要把眾生的虛妄心，轉變成真心，所以這部經，就用這個心字做主腦，專門講心的道理。

因為心是萬物的主，也是一身的主。心的力量最大，心要怎樣就怎樣，心要成佛就成佛，心要墮地獄就墮地獄，心的力多麼的大呀！不論什麼境界，沒有像虛空那麼大到沒有邊際的，只有這個心，可以包含虛空。那麼心的量，又多麼的大呀！心的力，心的量，既然有這麼大，若能夠用得正當，還有甚麼事情辦不到呢？用得正當，就是沒有一點點妄想心，完全以智慧去用這個心，那麼本來有的真實心，就能漸漸的顯露了。

學佛的人，最要緊的是信心，沒有智慧，就不能夠辨別邪正，對了佛法，就不能夠生出正信的心來。（正信，是正當的信心，是信正當的道理，不是信邪道的。）沒有正信的心，就容易有疑惑了，修佛法最忌的，是疑惑。

無量壽經上說：（無量壽經，是一部佛經的名稱，和阿彌陀經一樣，是講西方極樂世界的。）生彼國者，落在邊地，復受胎生。（邊地，是西方極樂世界的邊界上，不是西方極樂世界裏。復字，意思和亦字、再字差不多的，也可以當做又字解釋。復受，就是再受。）

這幾句經的意思，是說有疑惑心的人，修一切的功德，往往不會修成功。就算修成功了，生到了西方極樂世界去，也只能夠生在極樂世界的邊界上，不能夠生到極樂世界裏去的，生在邊界的人，要五百年見不到佛面，聽不到佛法，碰不到一切的菩薩、**緣覺**、**聲聞**等種種上等的善人。（**緣覺**，是從梵語辟支佛，翻譯成中文的。完整說起來，是辟支迦佛陀五個字。他們是修**十二因緣**覺悟了而修成的，所以叫緣覺。他們發心修道的時候，世界上有佛的，到了他們修成的時候，佛已經涅槃了，所以沒有佛教導他們，並且他們都是單獨一個人，在深山靜修成功的，所以也可以叫獨覺。

聲聞，是修**四諦**修成的，總共有四果。果字，譬如結果的意思。修到怎樣的功夫，就得到怎樣的位子，結了怎樣的果。

聲聞有四種：

第一果，梵語**須陀洹**，翻譯中文，叫入流，是脫離凡夫，進到聖人的路上去的意思。

第二果，梵語**斯陀含**，中文叫一來，是迷惑還沒有清淨，還要到我們人的世界上，投生一次，再到六欲天生，投生一次，才能夠斷盡迷惑，所以叫一來。

第三果，梵語**阿那含**，中文叫不來，那是迷惑都斷盡了，不再生到欲界來了，所以叫不來。

第四果，梵語**阿羅漢**，中文有殺賊、應供、不生三種意思，迷惑害人，是最厲害的，像害人的賊一樣，阿羅漢把害人的種種迷惑，都破除淨盡了，就像把害人的賊，完全殺了一樣，所以叫殺賊。修到了聲聞最高的果位，應該受人天的供養了，所以叫應供。修到了阿羅漢，已經永遠了脫生死，不再生到三界來了，所以叫不生。

緣覺、聲聞，都是只知道自己了脫生死，不知道普遍勸度眾生，所以總稱小乘，也稱二乘。**乘**字，可以解釋做車子，也可以解釋做船。佛菩薩稱大乘，因為佛菩薩的願心大，法力也大，可以多度眾生，像是大船大車，可以多裝人。緣覺、聲聞稱小乘，因為緣覺、聲聞願心小，法力也小，只曉得自己了脫生死，不能夠多度眾生，像小船小車，不可以多裝人一樣的。

十二因緣，在下面「無無明亦無無明盡」底下、四諦，在下面「無苦集滅道」底下，都有詳細解釋。天總共有二十八層，離我們世界最近的天有六層，叫六欲天，在阿彌陀經白話解釋，「無量諸天大眾俱」一句底下，有詳細註解。）差不多像包在胎胞裏一樣，什麼都看不到，所以叫做復受胎生。（一個人在娘肚生出來，是胎生，現在又到了什麼都看不到，像在胎胞裏一樣，像再受一次胎生嗎？所以說復受胎生。）那麼這個智慧的關係，實在是大得了不得的，因為一定要有智慧，才能夠修到沒有生死的岸上去，所以叫般若波羅蜜多心經。

觀世音菩薩的心，是最慈悲的。因為哀憐眾生的苦，所以把眾生受苦的原因，完全一起說出來，使眾生可以把這個苦根，（苦根，是受苦的根，有了這個根，才會從這個根上生出種種的苦來，下面所說的五蘊，就是苦的根。）完全打破，完全拔去，只有快樂自在。所說的話，雖然沒有幾句，但是一個字一個字，都是從真實心、大悲心裏流出來的，才會有這樣的深奧、精妙、懇切。所以這部經的題目，就叫心經。（**經**，梵語叫修多羅，翻譯成中文，是契經兩個字。契字，是合字的意思，就是說佛經，上可以合諸佛的理，下可以合眾生的機。經字，是路，是法，世界上的人，不曉得修行的路，修行的法，看了經，可以曉得修成佛的路，修成佛的法。喜歡走哪一條路，學哪一種法，就照那一條路走，那一種法修。

機，就是眾生的根機，根機有利的，有鈍的，利根、就是有智慧的人，可以對他講深的道理，鈍根、就是呆笨的人，只能夠對他講淺的道理，這樣才合眾生的機。）

還有一種意思，在朝暮課誦裏的蒙山施食儀，開頭第一個偈的第四句說：

（**偈**字，是一種稱讚的文字，一段偈裏的句子都是一樣長短的，有的三個字、四個字一句的，有的五個字、七個字一句的，叫偈。偈字，讀做寄字音。）「一切唯心造」這一句的意思，是說所有一切的法，都是這個心造出來的。十法界的種種景象，沒有一樣不是從心裏造出來的。十方三世，盡虛空遍法界，（**盡虛空**，是說虛空本來沒有窮盡的，現在說窮盡虛空，是形容廣大到不能再廣大的意思。

遍法界，是說法界本來廣大到沒有邊際，現在說周遍法界，也就是形容法界的廣大，不能再廣大的意思。廣字，和大字差不多的意思。）沒有一點不包藏在這個心裏，心在**三惡道**，（三**惡道**，就是畜生道、餓鬼道、地獄道。）就是三惡道。心在人天，就成**人天**。（人，就是人道，天，就是天道。）心在緣覺、聲聞，就成緣覺、聲聞。心在菩薩，就成菩薩。心在佛，就成佛。

心的力量，大到不可以用語言來形容。所以這個有生死的岸，就是在自己的心裏，那個沒有生死的岸，也是在自己的心裏，要不要到那個沒有生死的岸上去，完全在自己的一個心。所以心要在這岸，就永遠在這岸。心要到那岸，就立刻可以到那岸。不過要到那岸，是要用智慧的。肯用這個智慧，不肯用這個智慧，也就全在自己的心。所以叫作心經。

這本心經，是把這個心字當做這本經的本體。（本體，就是實在的質地，也可以說就是骨幹。）把般若做用處的，把彼岸做結果的。所以叫做般若波羅蜜多心經。

佛經的名稱，雖然多得很，但是不出七種，就是單三，複三，具足一。什麼叫**單**三呢？就是一個經名裏，只有法，或是只有人，或是只有喻，（喻，就是譬喻。）像這樣只有單一種的經名，總共有三種，所以叫單三。所說的單是法，就像大品般若經，大涅槃經等都是。因為大品般若、大涅槃都是法，只有法的一種，沒有人與喻在裏面，所以叫單是法。所說的單是人，像阿彌陀經、維摩詰經等都是。因為阿彌陀是佛，也就是人。維摩詰是人，只有人的一種，沒有法與喻在裏面，所以叫單是人。所說的單是喻，像瓔珞經、梵網經等都是。因為瓔珞、梵網都是比喻。只有喻的一種，沒有法與人在裏面，所以叫單是喻。

甚麼叫**複**三呢？就是一個經名裏有兩種，或是法與人，或是法與喻，或是人與喻，像這樣重複的經名，也有三種，所以叫複三。

先說法與人，像藥師如來本願功德經、文殊問般若經等都是。因為藥師、文殊都是人，功德、般若都是法，有人有法，所以叫複。

再說法與喻，像妙法蓮華經，寶星陀羅尼經等都是。因為妙法、陀羅尼都是法，蓮華、寶星都是喻，有法有喻，所以叫複。

再講人與喻，像勝曼師子吼經、文殊寶藏經等都是。因為勝曼、文殊都是人，師子吼、寶藏都是喻，有人有喻，所以叫複。

什麼叫**具足**一呢？就是一個經名裏頭，法、人、喻三種都完全的，像佛母寶德藏般若經，大方廣佛華嚴經等都是。因為般若、大方廣都是法，佛母、佛都是人，寶德藏、華嚴都是喻。像這三種都完全的經名只有一種，所以叫具足一。

凡是佛經的題目，都是這樣的。（因為解釋阿彌陀經的時候，沒有講到這種道理，所以在這裏詳細補說。）

唐三藏法師玄奘譯

解

這本心經，是從前唐朝時，有一位高明的法師，法名叫玄奘，翻譯成中文的。

釋

在現在一千多年前，有一個朝代叫**唐**朝。

三藏，就是經藏、律藏、論藏。（**經藏**，是各種佛經。**律藏**，是專門講各種禁戒的規條。**論藏**，是專門講論佛法的道理的書。

藏，是包藏的意思，因為許多佛法的道理，都在這三種裏面包藏著，所以叫藏。在阿彌陀經白話解釋裏，「姚秦三藏法師鳩摩羅什譯」一句底下，有詳細解釋。）

精通這三藏種種道理的法師，就稱三藏法師。

玄奘法師，俗家姓陳，是河南洛洲緱氏人。（緱人，就是現在河南省偃師縣。）十五歲的時候，跟了他的哥哥長腱法師，在淨土寺出了家。專心用功各種經典，都學得精通了。到唐太宗的貞觀三年八月，（太宗，是唐朝第一個皇帝。貞觀，是太宗皇帝的年號，像清朝的光緒、宣統一樣。）太宗皇帝派他到印度去取經。到了罽賓國，（罽賓國，在北印度，就是現在叫克什米爾一帶地方。）路上都是虎豹，危險得很，不能夠再向前走。忽然碰著一位老和尚，面上生瘡，身上都是血跡，衣服齷齪得很，也不曉得他從那裏來的。玄奘法師看見這位老和尚，有些稀奇樣子，就拜求他指引到印度去，可以免去危險的方法。這位老和尚就口述，教玄奘法師念這本心經。玄奘法師學會了，就常常念，一路上就平平安安。經過了十八個國，到了舍衛國，（舍衛國，就是現在的印度國。）取到了許多佛經，在貞觀十九年正月，回到長安京城。（長安，是陝西省裏的一個縣名。凡是皇帝所住的城，叫京城，唐太宗皇帝就住在長安，所以長安就稱做京城。）住在唐太宗玉華宮裏，專門翻譯佛經。總共翻譯成七十三部，一千三百三十卷。

這本心經。就是這七十三部裏的一部。（心經翻譯的本子，總共有五種。

一、是羅什法師譯的，叫摩訶般若波羅蜜大明咒經。

二、就是這本玄奘法師譯的。

三、是般若利言法師譯的，也叫般若波羅蜜多心經。

四、是法月法師譯的，叫普徧智藏般若波羅蜜多經。

五、是施護法師譯的，叫佛說聖佛母般若波羅蜜多心經。從唐朝到現在，各處流通的，都是這本玄奘法師譯的。）法師到五十六歲，生起病來了，看見一朵大白蓮花、和阿彌陀佛，就往生西方了。

但照慈恩傳上說，（慈恩傳，是一部講佛法的書名。）是玄奘法師到四川去，路上碰到一個病人，滿身生了臭瘡，衣服又是污穢，玄奘法師就拿衣服和吃的東西給他，他就把這部心經，口授玄奘法師。（口授，是不用書本，口裏念出句子來，叫學的人跟著念。）後來玄奘法師到印度去取經，碰到危險的時候，就念這部心經，念了就什麼危險都沒有了。

兩種說法，雖然稍稍有些不同，但是心經是有人口授玄奘法師和唸心經的效驗，說的都是一樣的。

觀自在菩薩，

解

觀自在菩薩，就是觀世音菩薩。

觀，本來是看的意思，但是這個觀字，有照看和查察兩種意思。看不是用眼光來看，而是用心光來看的意思。（心光，是自己真實心裏本來有的光。）

自在，是自由自在，受用得很的意思。

觀自在，是自己照照自己的心，覺得自在得很。（所以能夠自在，就是明白了下面所說的種種道理的緣故。）

這尊菩薩，因為明白了這個心自在得很的道理，所以稱觀自在菩薩。

釋

觀，是觀察，觀照的意思。（察字，就是查察的意思。）就是觀無量壽佛經裏，所講的最圓妙的觀法。（修這種觀法，事先要用定的功夫，妄想太多，心思太亂，怎麼能夠修這圓妙的觀法呢？用了定的功夫，才可以把這個心思靜細起來，妄想漸漸變少。妄想少一分，真性就多顯出一分來。真實多顯出一分，種種虛妄的境界，也就少一分。虛妄的境界少一分，真實的境界就多一分。

所以觀無量壽佛經上說，佛教韋提希夫人，修十六種觀法，修到第七觀，就見到極樂世界、阿彌陀佛和觀世音、大勢至兩尊大菩薩，這個修觀的功夫真是不得了。

一個人的真性，本來清淨明亮得很，只因為妄念太多，把真性遮蓋住了，所以真性裏的智慧光，就顯不出來了。譬如像鏡子上面的灰塵，太多了，就發不出光來了。

修觀的方法，是要把心思清淨。譬如揩去鏡子上的灰塵，使本來有的光發出來，不論什麼，都照得很清楚。妄想的妄字，是虛的、假的，不真實的意思。

修觀的道理和什麼叫圓妙觀法，下面就會講明白。）這個觀字，就是用自己清淨心裏面，本來有的智慧光，來照亮自己的心，覺得很是清淨自在，圓融無礙，（融字，是和通與化合兩種意思。）那就可以觀照一切的景象了。

佛經上說，我們這種凡夫，叫**具縛凡夫**。（具字，是完全的意思，也可以說有的意思。凡夫，是俗人，不懂佛法的人。）就是說完全被束縛的意思。凡夫所以完全被束縛，不能夠自由自在，就因為沒有智慧，不明白真實的道理，不曉得修般若波羅蜜多的緣故。菩薩因為有智慧，所以能夠自由自在的發菩薩心，自由自在的修菩薩行，自由自在的救苦，自由自在的普渡眾生，沒有一點不自由自在，也就是沒有一絲束縛，所以稱觀自在。

菩薩，是梵語，完整說起來，是菩提薩埵四個字。現在只稱菩薩兩個字，是簡單的說法。翻譯成中文，菩提是佛道，薩埵是成就眾生，就是用佛道來教化眾生，使眾生都修成佛的意思。也可以翻譯做**覺有情**三個字。

有情，就是眾生，凡是有知覺的就有情，有了情，就要迷惑，迷惑了就有生死，所以眾生叫有情。**覺**字，是警覺醒悟的意思，是用佛法去警覺眾生，使得眾生從迷惑裏醒悟起來，所以叫**覺有情**。

觀照自己的心，使自己覺悟，叫自覺。使眾生覺悟，就是覺悟旁人，叫覺他。等到自覺、覺他的功行修滿了，叫覺行圓滿，那就成佛了。（功行的行字，是一個人所做的一切事情，也可以說就是修行。功行，是做的一切有功的事情。）這就是菩薩兩個字的道理。

觀世音菩薩，本來是從耳根上用功得道。（耳根，不是生在臉上左右兩邊，有皮肉的耳朵。這個皮肉的耳朵，是沒有用的耳根，是聽聲音用的一種東西。像眼能夠看，鼻能夠嗅，舌能夠嚐，都是一種有用的東西，在那裏看，在那裏嗅，在那裏嚐。所以佛經裏面說到眼、耳、鼻、舌，就叫做眼根，耳根，鼻根，舌根。作用，是生出用處來的意思。）怎麼不稱聞世音，倒反稱觀世音呢？

這是因為這尊菩薩，專門用智慧來關照自己的真性，成了菩薩，並且觀世間上，苦惱眾生一心稱念觀世音菩薩名號的聲音，就去救護他們，解脫他們的苦惱，所以稱觀世音。（佛菩薩的六根，能夠通用的，用眼可以聞聲，所以對聲音，也可以稱觀。）

其實在觀世音菩薩，在最古最古的時候，釋迦牟尼佛還沒有成佛之前，早就成了佛，佛號是**正法明如來**。因為慈悲心太切了，看見世界上的眾生苦得可憐，所以，特地顯現這種用功學佛的相，一步一步的修行，一直到成菩薩，做一個榜樣給眾生看。大家都照了他修行的方法去修，希望大家都修成菩薩，這是觀世音菩薩發的一片不得了的大慈悲心來救度眾生。

觀世音菩薩因為是專門來度眾生的，所以不論在哪一道的眾生，只要能夠度，就沒有不度的。哪怕地獄道裏、或是在畜生道、餓鬼道裏，也都去度的。觀世音菩薩看這個眾生，應該用甚麼方法去度他，就現甚麼相去度，所以觀世音菩薩現的相最多，哪怕惡鬼的相也會現。大家常常看見畫的、或是塑的、觀世音菩薩是女相，那是許多相裏的一種，因為要度女人，就現女相。這都是菩薩度眾生的大慈悲心。

我上面所說的**圓妙觀法**，究竟是甚麼法呢？就是那一**心**三**觀**的法門。要曉得一心三觀的道理，先要明白了三**諦**的道理。（諦，是考察實在，見到真實道理的意思。)

三諦，是一切法的真實相，隨便哪一種法，都有這三諦的道理在裏面。三諦，就是真諦、俗諦、中諦三種。

眞諦，就是空。不過這個空，不是頑空，(頑字，是不靈通、沒有變化的意思。頑空，就是有形相的空。)是真空。(不虛假，叫真。沒有虛妄相，叫空。真空，就是自己的本性。)所以一切的法，凡夫認為有的，其實都是空的，這就叫真諦。

俗諦，是所有一切的法，都是人的妄心裏變現出來的，(妄心，就是虛假的心。)這種妄心裏變現出來的一切法，都是妄相。雖然有這種妄相，但是這種有，是假的有，不是真的有。所以變現出來一切妄相，凡夫認為真有，實在都是假有，這就叫做俗諦。

中諦，是真的空，不礙假的有。假的有，不礙真的空。空和假，(這兩句看了下面的比喻，就明白了。)是可以融通的，(融通這兩個字，照俗話說起來，就叫通融。)沒有兩種分別的。真諦與俗諦融通了，就叫中諦。

那些不明白的人，聽說真諦是空，俗諦是有，一定要疑惑既然是空，就不是有了，既然是有，就是不空了，空和有，是絕對相反的，怎麼可以說真俗二諦融通了就是中諦呢？既然空和有，是絕對相反的，怎樣可以融通呢？既然不能夠融通，還從什麼地方生出中諦來呢？

要曉得真諦的空，是不空而空的，不空而空，叫做真空。俗諦的有，是非有而有的，非有而有，叫做妙有。（不空而空，不像小乘所說的空，是固執的見解，是偏在一邊的見解。這是說那空的真理，是在有相裏見的，所以叫真空。非有而有，不像凡夫那種虛妄的見解，不論什麼，都認作實在有的，這是說那有的幻相，就在那空理上現出的，所以叫妙有。幻相，就是虛妄的相。）**眞空**，是法的實性。**妙有**、是法的虛相。性是相的本體，相是性的作用。沒有性、就不能夠現出相來，沒有相、就不能夠顯出性來。所以性和相，是不能夠分離開來的，性 相既然不能夠分離開來，那麼性相當然可以融通。性相既然是融通的，那麼真空和妙有，也當然可以融通。（因為真空，就是法的實性，妙有，就是法的虛相的緣故。）

真空，就是真諦。妙有，就是俗諦。真空和妙有，既然可以融通，那麼真諦與俗諦，也當然可以融通。真俗二諦融通，就是那中道第一義諦的道理。（第一義，是說這種真實的道理，在一切法裏，最上、最高的意思。）所以三諦的名稱，雖然有三種，講到體性，（體、就是本體，性，就是本性，體性兩個字，合起來，就是實在的質地，不是空的。）實在只是一種。（就只有中諦一種。）

這個三諦的道理，我用一個比喻來說，就容易明白了。譬如一只茶杯，本來是沒有的，因為有了土和水，（瓷的東西，本來是用一種土和水，燒成的。）再加上人工去做，用火去燒，就成了這麼一個茶杯。所以這個土和水，成為茶杯的因。人工和火，成為茶杯的緣。如果只有土和水的因，沒有人工去做、火去燒的緣，那麼這個茶杯就不會生出來了。所以這個茶杯，其實是因緣和合，才生出來的，那麼就是因緣所生法了。（在佛經裏，不論什麼境界、什麼東西、什麼事情，都可以叫做法，法本來就是東西，這裏是指這個茶杯。）

凡是因緣和合生出來的法，實在不是真實的，是虛的、假的，所以雖然眼前有這麼一個茶杯，但是講起理來，究竟還是空的，究竟還是從人的虛妄心裏現出來的虛妄相。這就是真諦的道理。

雖然是空的，但是在凡夫的虛妄心裏，明明現出這麼一個虛妄的茶杯來。那就不能夠不稱它一個茶杯的假名稱，這就是俗諦的道理。

雖然是空的，還是有這麼一個假名，假形相，雖然有這麼一個假名稱，假形相，其實還是從虛妄心裏變現出來的虛妄相，其實還是空的。這就是中諦的道理，也就是一**境**三**諦**的道理。（一**境**，就是一樣東西，或是一種景象。這裏所說的一境，就譬如一個茶杯。一個茶杯，就有真諦、俗諦、中諦三種道理在裏面，所以叫一境三諦，不論什麼法，都有三諦的道理在裏面。）

三**觀**，就是空觀、假觀、中觀。講到這三觀的道理，雖然說是三觀，實在只是一個心念。

可見所有一切的法，都是從虛妄心裏變現出來的，雖然有一切法的相，究竟都是空的，不實在的，這就叫做**空觀**，**就是眞諦的道理**。

可見所有一切的法，雖然都是從虛妄心裏變現出來的，都是空的，但是明明各有各的假相，這就叫做**假觀**，**就是俗諦的道理**。

可見所有一切的法，說它是空，但是這個空的真理，就在有的裏面現出來。說他是有，但是這個有的假相，就在空的裏面現出來。真空不礙假有，假有不礙真空，空假沒有兩種分別，都是自己本來有的真性上現出來的。這就叫做**中觀**，**就是中諦的道理**，**也就是一心三觀的道理**。

因為這種觀法，說了一種觀，等於三種觀都在裏面了。（因為不論空觀、假觀、中觀，都從這個心裏變現出來。

譬如說空觀是空的，但是明明有一個假形相在那裏，那就有假觀在空觀裏了。

又說真空不礙假有，假有不礙真空，就叫中觀，那就又有中觀在空觀裏了。

又譬如說假觀雖然有假形相的，但是究竟還是空的，那就有空觀在假觀裏面了。

又說空、假沒有兩種分別，就叫中觀，那就又有中觀在假觀裏面了。

又譬如說那中觀，本來就是空假二觀融合了才成的，更加不必說中觀就是空假二觀了，所以說了一種觀，就三種觀都在裏面了。）所以說一空一切空，（法的道理，一就是一切，一切就是一，沒有什麼分別的。所以說是一空一切空、下面的一假一切假、一中一切中，也是這個道理。）假和中都是空。一假一切假，空和中都是假。一中一切中，空和假都是中。三觀全在自己的一念裏，同時作觀，沒有前後的次序。所以說一心三觀。

因為三諦只是一個境界，所以一諦就通三諦。也就可以叫一**境三諦**。（因為同樣的一個境界，有真諦的道理在裏面，也有俗諦、中諦的道理在裏面，那是一種境界裏，三種諦完全都有的。所以叫一境三諦。）

因為三觀只是一個心念，所以一觀就具三觀。（因為用自己本來有的真實心去觀察，那就不論什麼法，都是真空的，也都是假有，所以觀察起來，一定是三觀同時的，沒有先後，所以不能夠只有一觀，或是只有二觀，一定是三觀同時的道理。

因為說不論什麼法，都是真空的，那是空觀。又說都是假有的，那是假觀。空觀、假觀融通了，就是中觀。不論什麼法，都是空觀，又都是假觀，那麼已經一觀就是二觀了。有了空觀、假觀，又自然會融通成中觀的，那就是三觀了。

照這樣說起來，不是有了一觀，也一定三觀同時都有了嗎？）也就可以叫一心三觀。（空觀、假觀、中觀，都是用這個心去觀照的，三觀都在這一個心起來的，那就是一個心裏面，三種觀完全都有了。）

這個一境三諦，就是**所觀的境**。一心三觀，就是**能觀的心**。觀是用這個心去觀的，境是從這個心裏現出來的。能觀、所觀，都是這個心。（佛經裏，用能、所的地方很多，不可以不曉得。

能、所兩個字，是就相對兩方面說的。**能**字，是指動的一邊說的。**所**字，是指被動的一邊說的。譬如說人念經，這念是要用心去念的，在這一方面，是能念的心，是動的一邊，所以就是能的一邊。念的是經，在那一方面，所念的是經，是被念的一邊，所以就是所的一邊，這不就是能所兩方面嗎？）所以能、所也不是兩種，其實也就是這個心，觀無量壽佛經裏，所以稱做最圓妙的觀法，就因為這種種的緣故。

還有一種道理，不可以不曉得的。所有的一切境界，完全是自己的心造出來的，其實一切境界，都是沒有的，都是空的、假的。用自己的心來作觀，其實就是觀自己的心。所以三諦三觀，只是一種體性。也只是自己的一個心。既然都是自己的心，哪裏還有不融通的呢？

用這個一心三觀的方法，去觀察一切法，譬如太陽照在黑暗的房屋裏，沒有一點點照不透徹的地方的。所以這個觀法，叫圓妙觀法，觀自在菩薩所以能夠成菩薩，就靠了這個圓妙觀法。菩薩所以稱觀自在，也因為用這種圓妙觀法的緣故。（上面講了一大段的圓妙觀法，道理是很深的，看了能夠明白，當然最好，若是不明白，也不要緊的，只要把心經多念，把這解釋多看，慢慢的就會明白。）

有人問，這個音，是用聽的，怎麼叫觀的呢？

這有兩種道理的。

一種就是上面說過的，這個觀，是觀照的意思，是用心眼來觀的，不是用肉眼來觀的。（心眼，是心裏的眼，不是我們凡夫生在臉上的肉眼，雖然說心眼，實在就是這個心。道眼，是修道的眼，就是金剛經裏所說的法眼。道眼，有各種不同。緣覺、聲聞的眼，叫**慧眼**。菩薩的眼，叫**法眼**。佛的眼，叫**佛眼**。）

一種是眼也有聽的用處的，像我們凡夫，眼只能夠看，耳只能夠聽，鼻只能夠嗅，若是修到了證得果位的時候，那就是上面所說的，可以用圓妙的觀法，眼可以聽，可以嗅，可以嘗。耳可以看，可以嗅，可以嘗。眼、耳、鼻、舌、身意，六根都可以通用了。

觀世音菩薩已經修到了候補佛的地位，哪有六根不能夠通用的道理呢？所以只有這一尊菩薩，才夠得上稱為觀世音。

行深般若波羅蜜多時，

解

行字，（和前面功行的行字是一樣的。）是依照用智慧到彼岸的方法，去修的功夫。

深字，是說修的功夫很深了。

時字，是說修到功夫深的時候。

從這個生生死死的一邊，到沒有生死，自由自在的那邊去，是很不容易的。不用智慧，哪裏辦得到呢？

釋

大品經上說，（大品經，是一部佛經的名稱。）要求無上菩提，（無上菩提就是成佛。）應該學般若波羅蜜。那麼這個般若波羅蜜，其實是最高、最妙、修成佛的根本，哪裏可以用淺功夫去修，不用深功夫去修呢？不用深功夫去修，哪裏會明白？哪裏會證到呢？

所以觀自在菩薩，雖然已經成了菩薩，還是專門用一心三觀的圓妙方法，去修般若波羅蜜多。用這一心三觀的方法，是用什麼去觀的呢？就是用這個智慧了。沒有智慧，怎麼會用一心三觀的方法呢？不用一心三觀的方法，怎麼會修到般若波羅蜜多呢？

所以這個智慧，實在是最最要緊的。觀自在菩薩專心修這個法門，明白一切的法，都是自己的心變現出來的，都是虛妄的。所以也沒有什麼叫做人，也沒有什麼叫做我，更加沒有什麼叫做法了。既然明白了這種道理，還有什麼可以分別，有什麼可以**執著**呢？（**執著**，是固執不圓通之意，即凡夫的虛妄心裏，錯認了事情，還要揑定自己偏在一邊的見解，認為一定不會錯的。譬如針對了色，就認為一定有這個色的相，針對了空，就認為一定有這個空的相，所以叫執著。）

這就破了**人我執**、**法我執**的兩種習氣了。（**人我執**，就是執著有一個我的見解、執著是他人而不是我的見解。有了我的見解，就會有人的見解了，就要有我與人的分別心了。

法我執，就是執著所有一切的法，認為是真有，是實在的。這種見解，在佛法大意裏都曾講過。）這才可以叫做行深，沒有這樣的功夫，還不能夠說是深。觀自在菩薩，是等覺大菩薩，所以能夠有這樣的深功夫。

照見五蘊皆空，

解

蘊字，是把梵語「塞建陀」，譯成中文，也有翻譯做陰字的。都是包藏在裏面，不顯露在外面的意思。還有積聚盤結的意思。

五蘊，就是色、受、想、行、識五種。（下面釋裏，會解釋清楚。）眾生原來有的真性都被這五蘊，包藏、遮蓋、迷惑住了。所以生生死死，永遠受不盡種種的苦。觀世音菩薩用智慧來觀察自己的心，覺得這五蘊都是空的，實在沒有什麼東西，（沒有什麼東西說得文雅一點，就是沒有實體的。）很容易破的。

釋

五蘊，是色、受、想、行、識五種。

色又可以分做兩種，一種叫內色，就是人身上的眼、耳、鼻、舌、身。一種叫外色，（內色、外色，在下面「無眼耳鼻舌身意，無色聲香味觸法」兩句底下，還有詳細解釋的。）就是天、地、山、河等種種的境界。

受，是領受的意思。就是身體上的眼、耳、鼻、舌、身，五種的根，（因為一切虛妄的法，都是從這五種裏面生出來的，像種在地上的東西，都是從根上生出花、果來一樣的，所以叫做根。）對了身體外邊的色、聲、香、味、觸，五種的塵，（塵字，是渾濁不清淨的意思，因為娑婆世界，是不清淨的，所以生在娑婆世界裏的，不論什麼東西，都是不清淨的。這五種東西，也當然都是不清淨的。並且這五種東西，都能夠使五根不清淨，使五根污穢，所以叫做塵。）就會就要去領受了。（領受，就是眼看到了色、耳聽到了聲、舌嚐到了味。）就會受到種種苦、樂的境界了。

想，是轉念頭。五根既然領受了五塵，就會生出種種妄心來，去想五蘊的形相、名稱等等各種的亂念頭了。

行，是一個亂念頭過去了，又一個亂念頭起來，接連著沒有停歇，這種亂念頭，就都成了各種業的種子了。

識，就是分別種種東西、境界，這樣好、那樣壞、這樣喜歡、那樣討厭的妄心。（在佛法大意裏，這個識，講得很詳細。）

因為有了這色、受、想、行、識五種蘊，積聚盤結在心裏，就使人迷迷惑惑，顛顛倒倒，把原來的真實心、智慧光，一起遮蓋住，就造出種種惡業。譬如虛空本來是很清淨的，天上的太陽，本來是很光明的，忽然被陰雲遮蓋，虛空就不清淨了，太陽的光明，也被隱沒，顯露不出了。眾生的真心，本來很清淨光明，被這五蘊遮蓋住，像陰雲遮蓋了太陽一樣，這真心的清淨光明，也都顯不出來，所以叫做五陰。

佛經裏說**五蘊熾盛**。（五陰，就是五蘊。陰字，有遮蓋的意思，把真心遮蓋住，顯露不出來。熾盛，是燒得很旺的意思，比喻五蘊迷惑人，厲害得很，像旺火燒毀東西一樣。）就是說五蘊迷惑人，像用火來燒一樣的厲害。可見這五蘊是可以逼迫人的，可以把人的慧命燒壞。（慧命，就是智慧命，其實就是人的本。）

一個人有了一蘊，已經不得了，何況有五蘊呢？把這五蘊分開來說叫做色、受、想、行、識。其實這色、受、想、行四蘊，都還是從識蘊裏生出來的。所以這個識，實在是五蘊的根本。一個人就是由這五蘊和合起來，（五蘊裏的色蘊，是色。受、想、行、識四蘊，都是心。心與色和合了，就成了一個身體。這個身體，既然是和合成的，那就完全是虛假的。就是**因緣所生法**了，凡是因緣所生法，都是虛假的。這因緣所生法的詳細解釋，在前面「觀自在菩薩」一句底下，已經講過。）才成了這麼一個形相。有了這麼一個形相，就有生死，所以這個五蘊，其實是生死煩惱的根本。

講起實在的道理來，所有一切的法，都是從因緣所生。佛經上所說的，**萬法從緣起**。（緣，就是因緣。這一句，在佛法大意開頭，就已講明白。）就是說因緣合起了，法就生了，因緣離開了，法就滅了。就拿這個色身來講，身體本來是地、水、火、風、**四大**合起來了，（**四大**，就是地、水、火、風四種。一個人身體上的皮肉、筋骨、齒爪、毛髮、腦髓，都歸在**地大**裏。

膿血、精液、涕淚、涎痰、大小便，都歸在**水大**。

煖氣、歸在**火大**。

呼吸作，歸在**風大**。

四大，就是四大部分的意思，說得簡單些，就叫四大。）才成這麼一個身體。所以地、水、火、風、四大是因，父母就是緣，因緣湊合而成了這個色身。色，是萬法裏的一種法。受、想、行、識，是萬法裏的四種法。色既然是從因緣生出來的，那麼受、想、行、識，也當然是從因緣生出來的了，凡是因緣所生的法，就有生滅，有生滅的法，就是虛妄法，就是空。

佛經上說，**緣生無性，當體即空**。（當體兩個字，是說原來的質地，像波浪的當體就是水。當體即空，可以說本來就沒有實質的。）這兩句，是說五蘊既然都是因緣所生的法，當然是沒有真實性的，當然原本就是空的。所以說五蘊皆空。只有這個本來有的清淨心，是永遠不變的，是真實的，不是空的。這種五蘊，都是沒有實體的，（實體，就是實在的體質，實在的質地，不是空的、假的，和前面的本體差不多。）沒有實性的，都是從妄心上起的妄見，（妄見，就是虛妄的見解。）哪裏是真實的呢？哪裏不是空的呢？但是眾生都是迷惑得很，哪裏會覺得五蘊都是空的呢？

照見，就是用一心三觀的圓妙法去觀照。在觀照的時候，全是用本性裏的智慧光，沒有一點點虛妄心，既然沒有一點點虛妄心，那麼這種五蘊的虛妄相，自然現不出來。相所以現不出來，就因為完全是空的，沒有什麼可以現出來的緣故。像水裏的月，空中裏的花，沒有一點點體性，（體性，就是實質，就是有實在的質地，不是空的。）不都是空的嗎？

只有這個赤條條、淨裸裸的清淨心，才是真實的。除了這個真實心，都是虛的、假的、空的。並且用智慧來觀照，就能夠顯出本覺性來，（本覺性，就是本來有的真性，本來有的知覺性。）本覺性裏，清清淨淨，一蘊都沒有的，哪還有什麼五蘊呢？所以觀照起來，就能夠明白五蘊都是空的。

度一切苦厄。

解

度字，是救度的意思，其實和渡字是差不多的意思。從這岸上坐了船，撐到那岸上去，叫擺渡。把世界上的苦惱眾生，教他們修了智慧，使他們生到快樂的世界上去，叫救度。

厄字，是災難的意思。

就是救度一切眾生的苦難。

釋

凡夫的苦多得很，大家說慣的，是三苦、八苦兩種。

三**苦**是苦苦、樂苦、行苦三種。

苦苦，就是冷熱、餓渴、病痛等種種苦，說也說不盡的，都是使人得不到樂處，只有苦處。

樂苦，就是快活的事情，作樂的境界，最容易過去，等到樂過去了，那比樂沒有來的時候，更要覺得苦，所以叫樂苦。

行苦、就是在這虛妄的世界，不論什麼事情，什麼境界，時時刻刻，不停的變遷，像一個人從年少變到壯年，從壯年變到老年，強壯的變成衰弱的，像這樣種種的變遷，也是使人覺得很苦的。

八苦，是**生**、**老**、**病**、**死**、**求不得**、（要什麼東西，不能夠得到。）**愛別離**、（所愛的人，常常要離別。）**怨憎會**、（憎字，是恨的意思，就是討厭的人，常常要相會。）**五陰熾盛**（五陰，就是色、受、想、行、識的五蘊。熾盛兩字、譬如這五陰迷惑人，像乾柴引火一樣，就會烘烘烈烈燒起來了。）八種苦，（這八種苦，在阿彌陀經白話解釋裏，「彼土何故名為極樂」一節底下，說得很明白。）

照平常的小災難說起來，就是水難、火難、風難、刀難、鬼難、枷鎖難、怨賊難七種。（水難，就是水災。火難，就是火災。風難，就是風災。刀難，就是刀兵災。鬼難，就是惡鬼、魔鬼來纏擾。枷鎖難，就是吃官司、坐獄、披枷戴鎖。怨賊難，就是碰到了怨家盜賊。）說得多一點、大一點，就有小三災、大三災，（小三災、大三災，在阿彌陀經白話解釋裏「彼佛壽命」一節底下，講得很明白。）多得很哩！

眾生所以有這種種的苦，是因為有了這五蘊，把真性遮蓋住了，就會顛顛倒倒，造出種種的業來。造業就是受苦厄的因。上面所說的種種苦厄，就是報應，不過這種報應，還是**華報**哩！（華字，解釋就是花。**華報**，是現世的報應，是輕的報應，像是開花一樣，還沒有到結果的地步。**果報**，才是將來的報應，是重的報應，到結果的地步了。）若是到了果報的時候，那就要落到畜生、餓鬼、地獄，三惡道裏去了。

五蘊，是一切苦厄的根本，上面所說的種種苦厄，是單就人道而說的，講到畜生道、餓鬼道、地獄道，那就有無窮無盡的苦，說也說不完。並且大家只曉得我們世界上的人，有種種的苦，還不曉得天上的人，也有苦的時候。

六欲天上的人，（天有二十八層，離我們人的世界最近的六層天。叫六欲天。）像忉利天上的天王，（就是佛經裏所說的帝釋，世俗人所說的玉皇大帝。）到了天上，福報享盡了，就是五衰相現出的苦哩！（福報，就是有福的報應。）

五衰，是天上的天王，也要死的。到快要死的時候，就要現出五種衰敗的相來了，第一是頭上的花，乾枯了，第二是衣服污穢了，第三是身體不潔淨了，第四是兩腋下出汗了，第五是向來坐的座位，坐上去，覺得不舒服、不喜歡坐了。腋，是肩下邊臂彎底下。）到了初禪天，（在六欲天上面的三層天。）還有大三災裏的大火災哩！到了二禪天，（初禪天上面的三層天。）還有大三災裏的大水災哩！到了三禪天，（二禪天上面的三層天。）還有大三災裏的大風災哩！（所說的各種天，在阿彌陀經白話解釋裏「無量諸天大眾俱」一句底下，大三災「在彼佛壽命」一節底下，都說得很詳細。）

修到天上去，是這麼的難，尚且還有種種的苦，何況生在我們這個世界上的人哩！所以要免掉一切的苦厄，一定先要去掉那五蘊。那麼，苦的根本拔除清楚了，就不會有苦了。若是曉得了只有這個清淨心是真實的，除了這個清淨心，所有別的一切，都是虛的、假的，都是妄心變現出來的，那麼沒有一樣不是空的了。五蘊既然是從妄心裏變現出來的，都是空的，那麼從這五蘊生出來的種種苦厄，當然也是從妄心裏變現出來的了，當然也是空的了。

眾生就因為愚痴，沒有智慧，不能夠觀照到這五蘊是虛空的，不實在的，所以就生出這種種的苦厄來。觀自在菩薩，明白看透了這種道理，哀憐眾生愚痴受苦，所以把這五蘊，都是空的道理，來教化眾生。使眾生都曉得一切都是空的道理，那麼就可以沒有苦厄了。這就是度脫眾生一切苦厄的最妙法門。

上面的幾句，把這本心經全部的意思，都包括在裏面了。觀無量壽佛經上說，**舉身光中**，（舉身，就是全身週身之意。）**五道衆生，一切色相，皆於中現**。這幾句經，就是說觀世音菩薩週身的光裏，天、人、畜、餓鬼、地獄，五道眾生色身的形相，都在這光裏顯現出來。這是因為觀世音菩薩的大慈大悲心，格外的關切，專門在各處尋找苦惱的聲音，去救度一切眾生的苦厄，所以五道的受苦眾生，都在觀世音菩薩的光裏現出來，求觀世音菩薩救度他們。

別尊佛、別尊菩薩的光裏，就沒有這種五道眾生的形相現出來的，所以大家對了觀世音菩薩，都稱大慈大悲，救苦救難，廣大靈感，觀世音菩薩。（感字，是有感應的意思。）就因為觀世音菩薩是專門救度一切苦厄的緣故。

舍利子！色不異空，空不異色，色即是空，空即是色。

解

異字，是不同的、兩樣的意思。

即字，是就是的意思。

這一段，和下面的「受想行識、亦復如是」兩句，都是說五蘊全是空的。

釋

照法月法師等諸位大法師翻譯的心經上看起來，前面的幾句，都是編集這本心經的阿難，所記述觀自在菩薩和釋迦牟尼佛、（釋迦牟尼佛，是我們這個世界上的教主，就是各處寺廟裏，大殿上中間的一尊大佛。在阿彌陀經白話解釋「佛說阿彌陀經」一句底下，有詳細的解釋。）還有許多的大菩薩、大比丘、都在王舍城外、鷲峰山上法會裏的情形。（王舍城，在印度國。**鷲峰山**，就是靈山。因為這個山的鋒頭，像鷲鳥，所以叫做鷲峰山，也叫**靈鷲山**。）

在那個時候，舍利子問觀自在菩薩道：（舍利子，就是阿彌陀經裏的舍利弗。舍利是梵語，翻譯成中文，是鶖鷺兩個字。弗字，就是子。水裏有一種鳥叫鶖鷺，這種鳥的眼珠，明亮清淨，看起東西來，又尖又利。舍利子的母親的眼珠，和鶖鷺鳥一樣，所以就取舍利兩字為名，她所生的兒子，就叫舍利子。）若有人要修般若波羅蜜多，應該怎樣的修法？觀自在菩薩就說出許多深妙的道理來。從這裏起，一直到末了的咒，都是觀自在菩薩所說。

舍利子，是釋迦牟尼佛的弟子。在佛的許多弟子裏，舍利子的智慧，最是第一。因為他最有智慧，才能夠這樣問。沒有智慧的人，就不會問了，即使告訴他，他也不會明白。所以觀自在菩薩在許多菩薩、比丘裏，（比丘，是出家受二百五十戒的男子，就是俗人所說的和尚。）只叫了舍利子，對他說道：

你們不要誤會，色是有形相可以看得到的，不是空的，要曉得凡是看得到的相，都是虛的、假的，都是眾生的虛妄心裏，變現出來的虛妄相。色的相，空的相，一樣都是虛妄的，一樣都是空的，一點點東西都沒有，還有什麼色與空的分別呢？既然色和空沒有分別，那就是一樣的，沒有什麼兩樣的了，所以說**色不異空**。

色和空，既然是一樣的，沒有什麼兩樣的，那麼反過來說，就是空與色，也就是一樣的，也沒有什麼兩樣的了，所以又說**空不異色**。

並且既然說色和空沒什麼兩樣，那麼就是空了，所以說**色即是空**。色與空，既然沒有什麼兩樣的，那反過來說，就是空和色，也沒有兩樣的了，所以說**空即是色**。

色和空，空和色，既然都是一樣的，都沒有什麼兩樣的，並且色可以說就是空，空也可以說就是色，那就可見得這個色、這個空，都是虛假的，都是沒有體性的了。色和空，既然都是沒有體性的，一樣是空的，那麼自然可以說色就是空，空就是色了。

不過凡夫執著在有的一邊，不論什麼境界，都當作真有的，所以只看見**色**，不看見空了。兩乘明白了空的道理，又偏在空的一邊，所以只看見**空**，不看見色了。觀自在菩薩講的是**大乘法**，（大乘法，是講修成佛菩薩的道理，是講勸化眾生，救度眾生，成佛、成菩薩的法門。）圓通自在，沒有一些窒礙，所以說色和空，空和色，都可以圓通融合。

我用海裏的水與波浪來比喻，就明白了。色譬如波浪，空譬如水，水就是波浪，波浪就是水，離了水就沒有波浪，離了波浪就沒有水，所以叫做即。色並不礙空，空並不礙色，並不是有了色，就沒有空，有了空，就沒有色。也並不是色外有空，空的外有色。譬如水與波浪，波浪並不礙水，水並不礙波浪，並不是有了波浪，就沒有水，有了水，就沒有了波浪。也不是水的外有波，波浪的外有水。水就是波浪，波浪就是水，名稱雖然有兩種，實在都是海裏現出來的。

譬如色和空，一樣都是虛妄心裏現出來的。所以觀自在菩薩，說了色不異空，空不異色，又怕沒有智慧的凡夫，和智慧淺薄的小乘不明白，所以又切切實實接連的說，色即是空，空即是色。

還有，很要緊的，大家不可以不明白的，所說的空，是**眞空**，是妙性的空，不是斷滅的空。（斷滅的空，是認為什麼法，都是空的，人死了，就沒有了。哪怕你造了惡業，沒有什麼去受報應的，儘管放大了膽，去造惡業，也不要緊，這就大錯特錯了。）小乘說的空，是要把這色滅掉了才是空，空滅掉了才有色。又疑惑色外有空，空外有色，這都是**著相**的見解。（著相，也可以叫執著。）認為色是色，空是空了。是色異空，空異色了，不是色不異空，空不異色了。也不是色即是空，空即是色了。

現在所說的，是色空不二的道理。

所以照三諦的道理講起來，**空是眞諦**，**色是俗諦**，**色空不二**，（不二，是沒有兩樣的意思。）**是中諦**。真諦可以破凡夫執著色的見解，俗諦可以破二乘執著空的見解，色空兩種執著的見解都破了，就是中道第一義諦了。若是照三觀法說起來，色不異空，就是空觀。空不異色，就是假觀。色即是空，空即是色，就是中觀。這四句是總結色與空是一樣的道理。

受想行識，亦復如是。

解

亦復兩個字，都是也字的意思。（復字，與亦字差不多的意思。）

如字，是像的意思。

是字，是這個的意思。

就是說受、想、行、識四蘊，也都像上面所說的色不異空等四句一樣。受、想、行、識和空，是沒有什麼兩樣的，空和受、想、行、識，也沒有什麼不一樣的。受、想、行、識就是空，空就是受、想、行、識，和上面所講的色是一樣的道理。這是因為受、想、行、識，也都是虛假不真實的，所以也就和空一樣了。

釋 五蘊裏，色是一個主腦。有了這個色，才會生出受、想、行、識四種蘊來的。所以觀自在菩薩說這個色，說得詳細一點。說到受、想、行、識，就說得較簡單了。若是要說明白，那受、想、行、識四種，每種都應該要說四句，像受不異空，空不異受，受即是空，空即是受。每種要說四句，四種就有十六句，因為太煩了，所以就用亦復如是四個字來包括。

分開來講，有色、受、想、行、識五種假名目，合起來講，都是這個妄念，都是從妄念上變現出來的，所以都是虛假的。既然都是虛假的，那麼都是空的了。所以色是空的，受、想、行、識，也當然是空的了。

凡是一個人，所以有這五種的妄念，他的病根，就在這一個我字上。有了這個我字，就生出種種妄念來了。有了我，就有他。（這個他字，不是單單指人的，包括很多、很大的、所有我以外的，不論什麼東西、不論什麼境界，凡是看得到的東西，叫得出名稱的，都可以叫做他。）這個我，這個他，都是色，所以就有**色蘊**了。

有了我，就要領受各種的境界，所以就有受蘊了。

有了我，就要轉種種的亂念頭，所以就有了想蘊了。

有了我，亂念頭轉得沒有停歇的時候，所以就有了行蘊了。

有了我，就要生出種種的分別心來，所以就有了識蘊了。

其實這個我，在什麼地方呢？一個人有這個我的見解，是因為有了這個身體的假形相，就認定了有一個我。要曉得，一個人是五蘊假合起來而成，不用說沒有這五蘊，是不會成為人的，即使五蘊裏少了一蘊，也不會成為人。有人問，怎麼五蘊少了一蘊就不會成為人呢？這個道理，怎樣講法呢？

要曉得一個凡夫，只要沒有受蘊，就不領受各種境界。請問凡夫能夠不領受各種境界嗎？若是凡夫做不到，而領受各種境界的話，那麼凡夫就有受蘊了。

凡夫因為不能不領受種種境界，所以是有受蘊的。

凡夫也不能不轉種種的亂念頭，所以也會有想蘊。

凡夫不能一個亂念頭過去了，不再生出別個亂念頭來的，所以也會有行蘊。

凡夫不能不生出種種的分別心來，所以也會有識蘊。因為這五種蘊，既然是一個凡夫，就不會沒有，也不會缺少一蘊的，所以說沒有五蘊，或是缺少一蘊，就不會成為人。

除非是一個呆人，或是一個瘋人，那倒是五蘊可以不完全。越是俗人認為聰明的人，越是五蘊沾染得格外深切。照這樣說起來，既然人是五蘊合起來而成，那麼一定是五蘊都完全，一蘊都不缺少。既然五蘊都完全不缺少，那麼人就是五蘊合起來而成。請問這個我究竟在哪裏呢？

請你在五蘊裏，細細的尋尋看，在色蘊裏嗎？五蘊少了一蘊，只有四蘊尚且不會成為人，單是一種色蘊，哪裏就會成為人？既然人尚且不能夠成，哪裏還會有什麼我呢？

單是一種色蘊，既然就不會有我，那麼單是一種受蘊、或是單是一種想蘊、單是一種行蘊、單是一種識蘊，也當然一定不會成為人，一定不會有我的了。

五蘊分開了，既然不會成為人，不會有我，怎麼五蘊合起來了，就會生出這個我來呢？一定不會有這種道理的。既然五蘊裏都沒有這個我，可見得這個我是空的了，雖然有這麼一個我的形相，究竟還是虛假的，不是真實的了。能夠明白這個我是空的，就可以明白這五蘊，也都是空的了。

曉得了這五蘊都是空的，那麼應該要求真實的了，真實的是什麼呢？就是這個**本來有的清淨眞實心**。能夠曉得那些都是空假的東西、空假的境界，把它們去除得清清淨淨，那麼這個本來有的真實心，就明明朗朗的發現出來了，本來有的晶瑩雪亮的智慧光，也就照耀出來了。那麼就有了真實的我，（真實的我、就是本來有的，永遠不會改變的真實性。）就可以成佛。所以觀自在菩薩說的這幾句，其實是這本心經的精妙道理，都收在這幾句裏了。其實佛說的大部般若經的種種精妙的道理，也都收在這幾句裏。

舍利子！是諸法空相，不生不滅，不垢不淨，不增不減。

垢字，是污穢不潔淨的意思。

增字，是加添的意思。

解

觀自在菩薩又向舍利子道，這許多的法，（這許多法，是指上面所說的五蘊。）都是空的相。既然都是空的，還有什麼能夠生出來？還有什麼能夠滅掉呢？

所以說不生不滅。既然沒有生，沒有滅，也都是空的，那麼還有什麼叫做垢穢？有什麼叫做潔淨？有什麼可以增加？有什麼可以減少呢？所以說不垢不淨，不增不減。

釋 所說的一切**法**，就是指上面的五蘊，連下面的十二入、十八界、十二因緣、四諦等各種法，都包括在裏面。（十二入、十八界、十二因緣、四諦，下面都會講明白。）

這個**空**字，就是眞空。**相**字，就是實相。**眞空**，就是眾生的真實性。**實相**，就是眾生的真實相。現出來的真實相，其實也就是真實性。真實性、真實相，是一不二的，**所以眞空就是實相，實相就是眞空**。

五蘊，是各種虛妄法的根本，各種法都是從五蘊變現出來。既然曉得了五蘊是空的，那麼一切的法，沒有一法不是空的，所以說**諸法空相**。一切的法，既然都是空的，那麼一切空的法所現出來的相，當然都是空的，都是虛妄的。

所以金剛經上說，凡所有相，皆是虛妄。既然是虛妄的，就可以時時刻刻變動，沒有一定的相了。什麼樣的虛妄心，就現出什麼樣的虛妄相來。

譬如河裏的水，我們人看起來是水。魚蝦看起來，就像是我們所住的房屋一樣。餓鬼看起來就是火，就是污血。天上的人看起來就是琉璃。（琉璃、是一種青色的寶。）可見得相是沒有一定的。為什麼沒有一定，就因為是虛妄相，不是真實相的緣故。真實的相，就永遠不會變了。

這個色，也是從虛妄心裏現出來的虛妄相，所以從眾生的虛妄心來看是色。佛菩薩的真實心，不會現出虛妄相來，所以看到的就是空了。能夠明白五蘊都是空的道理，心裏就清清淨淨，智慧光就會顯露出來。

一切虛妄的法，就如太陽上面遮蓋的迷霧，被太陽光一曬，就消滅了。（看這一句，要分別清楚，一切的虛妄法，是本來沒有的，並不是滅了他，才沒有的。譬如太陽上面，本來沒有迷霧一樣的道理，說太陽光曬了，就消滅了，就是說智慧光去消滅虛妄心，算是消滅一切的法。虛妄的，可以消滅，真實的，就滅不掉。五蘊，是虛妄的，本來沒有的，並不是消滅了，才沒有的。）凡是虛妄的相，就有生、有滅。

譬如不明白五蘊是空的時候，那麼對了色蘊，就生貪戀的心。對了受蘊，就生領受的心。對了想蘊，就生胡思亂想的心。對了行蘊，就生遷流不歇的心。

對了識蘊，就生分別好壞、愛恨的心。種種的妄心，都生出來了。既然明白了五蘊都是空的，那麼虛妄心就起不來，完全是真空實相了。

滅，是對生說的，有了生，才有滅。真空實相，本來沒有生，哪裏會有什麼滅呢？所以說**不生不滅**。

心思迷惑不清淨叫做垢，既然明白了五蘊都是空的，那麼真性就不會被這五蘊迷惑，真性既然不被迷惑，就是清清淨淨的，有什麼垢污呢？淨是對垢說的，有了垢才有淨，真性本來沒有垢的，哪裏有什麼叫做淨呢？

六祖壇經裏，（六祖壇經，是一部佛經的名稱。）六祖惠能大師，是專門用功於禪宗的，（禪宗，是佛法各派裏的一派，專門講靜坐參究佛法道理的。）做一個偈說道：**菩提本非樹，明鏡亦非臺，本來無一物，何處惹塵埃**。（惹字，就是沾染、染污的意思。塵埃，就是垢穢。）照這幾句的文字講，是說菩提樹和鏡臺，都是妄心裏現出來的妄相，實在是樹和臺都沒有的，都是空的。所以底下兩句說，本來一樣東西也沒有，哪裏會沾染著塵埃呢？五祖看見了這個偈，非常的歡喜，說六祖能夠見到了真性。六祖所說的明鏡如人的本性，塵埃譬如人心裏的垢穢。（人心裏的垢穢，就是五蘊。）照這句偈的道理講起來，就是說明鏡本來是清清淨淨沒有一些塵埃的。

譬如一個人的本性，原來是清明潔淨得很，就因為被五蘊迷惑了，才變成了垢穢的，能夠把五蘊看空了，本性就自然發現出來了，本性發現出來了，還是清清淨淨，沒有一點點垢穢。既然沒有什麼叫垢，當然也沒有什麼叫淨了。所以說**不垢不淨**。

佛經上說，眾生皆有佛性，就是說眾生和佛本來有的真如性是一樣的，沒有高下分別。佛有三**身**、三**智**、三**德**，（三身，是法身、應身、報身。三智，是一切智、道種智、一切種智。三德，是法身德、般若德、解脫德。）眾生本性裏，也有三身、三智、三德。佛比眾生，並不多一點，眾生比佛，也並不少一點。不過眾生被五蘊迷惑住了，發露不出來了，所以佛是佛、眾生是眾生了。要曉得不論什麼東西，凡是可以增減的，都是虛妄法。現在既然明白了五蘊都是空的，只有這個真性是實在的，那麼真性是永遠不會改變的，哪裏會增減呢？所以說**不增不減**。

生相、滅相、垢相、淨相、增相、減相六種相，都是從虛妄心裏現出來的虛妄相，其實都是沒有的。所以叫**諸法空相**。

眾生迷惑，不明白空的道理，一味執著在有的一邊，所以就覺得法法都有，法法都不空。往裏面看，執定了我們的身體、皮肉、血骨，一定是有的。往外面看，執定了田房、金銀、妻妾，一定是有的。所以用盡方法，軟騙硬奪，只顧自己便宜，不管旁人受害，等到將來一口氣不來的時候，哪怕你所積的財產，像須彌山那麼的多，能夠帶走一絲一毫去嗎？何苦要造下這樣的惡業，自己去受苦報呢？真不懂這些愚蠢到極點的人，到底是為了什麼？真是可憐。

觀自在菩薩要點醒迷惑的眾生，所以大聲高叫道，所有一切的法，都是空的、虛假的，不要認錯了，而陷入永遠在生死裏流轉，（流，是流來流去，轉，是轉來轉去。）沒有出頭的日子。觀自在菩薩不但是明白這個空的道理，還明白這個空是真空，不像二乘是落在偏空裏的。（偏空，是認定這個空，是真的空，這是偏在一邊的見解，所以叫偏空。）所以能夠處處自在，所以能夠成觀自在菩薩。

是故空中無色，無受想行識，

解

是故，就是這個緣故，表示所以的意思。

無字，是本來沒有的意思。

因為一切的法都是空的，那麼空裏面，本來沒有色，也沒有受想行識了。

釋

這兩句，是總結上面所說，五蘊都是空的種種道理。上面所說一切的法，都是真空實相，沒有生滅、垢淨、增減的，完全是空的。既然是空的，那就是一片清光，沒有一點點塵障的了。（塵，是不清淨的，因為不清淨，就出生種種的障礙來了，所以叫塵障。）那麼什麼東西都沒有的，怎麼會有什麼色在空裏呢？所以叫**空中無色**。空裏既然不會有色，又哪裏會有**受想行識**呢？

一個人的真性，被**無明**遮蓋住了，（無明，到下面「無無明，亦無無明盡」兩句經文底下，就會解釋清楚的。）才會生出五蘊和種種的法來。現在既然明白了這種法，都是妄心變現出來的，本來的真性，完全是空空洞洞的，那麼不只是沒有色，甚至受、想、行、識的一切法，本來也都是沒有的了。

還有一層必需曉得，這受、想、行三種，都是從識裏生出來的。雖然都叫心法，但是受、想、行，是**心所法**，識、是**心王法**。（**心所法**，是依了心的勢力，分別生起來的，所以叫心所有法，簡單說，就叫心所。

心王，是**八種識**，第一是眼識，第二是耳識，第三是鼻識，第四是舌識，第五是身識，第六是意識，這六種識的總名叫境識；第七是我執識，第八是藏識，又叫種子識，又叫執持識。心所法很多的，單是第六意識，就有五十一個心所法。上面所講的八種識，因為是一切心所法的主腦，就是心的王，所以叫心王。）所以受、想、行，還都要受識的命令。識要受，就受了。識要想，就想了。識要行，就行了。沒有這個識，就不會有受、想、行三種。所以識稱做心王。但是識雖然稱心王，究竟與受、想、行，都是虛妄心裏，變現出來的虛妄相。虛妄相，是虛妄的，不是真實的，所以虛妄心裏能夠變現出來。

若是真空性，（不虛假，叫真。沒有虛妄相，叫空。）就不會變現出虛妄相來了。所以真空性裏，當然沒有色、受、想、行、識等，各種虛妄相。

這兩句，是為了被心迷惑得多，被色迷惑得少的凡夫說的。所以說到色法，只有色的一種；說到心法，就有受、想、行、識了。從這「空中無色」一句起，一直到下面「無智亦無得」一句，都是說空相裏本來沒有各種法，這兩句，是說空裏沒有五蘊。

無眼耳鼻舌身意，無色聲香味觸法，

解

眼、**耳**、**鼻**、**舌**、**身**、**意**的**六根**，**色**、**聲**、**香**、**味**、**觸**、**法**的**六塵**，（色、聲、香、味、觸，叫五塵，前面已經解釋過了，這裏又加了一個法字，所以叫六塵。）合起來，叫**十二入**，也叫**十二處**。

這兩句是說真空裏也沒有眼、耳、鼻、舌、身、意，也沒有色、聲、香、味、觸、法，完全是空的。

釋

這一段，是說十二入也都是空的。**入**字，有吸收的意思。像眼對了色，這個色相，就吸收到眼裏去了。耳對了聲，這個聲相，（在佛法裏講起來，不是看得到的色，可以稱相，即使是看不到的聲、香、味、觸，也都可以稱相的。）又吸收到耳裏去了。六根都會吸收六塵的，所以叫做入。

色、聲、香、味、觸、法的色，和色、受、想、行、識的色，稍稍有點不一樣。這個六塵裏的色，是有形相的，凡是眼所能夠看見的，都叫做色。

聲，是聲音。

香，是香氣。

味，是滋味。

觸，是觸到身體的意思。凡是身體上所覺得的，像冷、暖、痛、癢等，都叫觸。

法字，凡是境界的順、逆，苦、樂，東西的好、壞，都可以叫做法。（法字，在前邊「觀自在菩薩」一句底下的釋裏，有做解釋，可以一起看看。）

六塵裏的色、聲、香、味、觸、法，分開來說，是六種塵。但是聲、香、味、觸、法五種塵，都可以包含在色裏，所以六塵可以叫做外色。

講到五蘊裏的色，有外色，又有內色。**外色**，**就是六塵**。**內色**，就是我們人所有的眼、耳、鼻、舌、身的**五根**。

這個身體的五根，又可以分做兩種。

一種叫做**浮塵五根**，（浮字，是浮面的，不是實在的意思。塵字，是遮蓋、阻礙的意思。真性被煩惱妄想所迷惑，譬如一件清淨的東西，被塵垢污染了一樣，所以叫塵。）也可以叫扶塵根，（扶字，是扶助的意思，浮塵五根，對眼睛看得到的東西，都是扶助正根、五塵的，所以叫扶塵根，正根，就是下面的勝義根。）就是父母所生的眼、耳、鼻、舌、身五種肉體的形相，但是這種肉體的形相，是沒有知覺的，不能夠看、不能夠聽。

一種叫**勝義五根**，（勝義兩個字，是勝過世俗上所說種種義理的意思。）雖然也是眼、耳、鼻、舌、身五種根，但是這五種根，是眼、耳、鼻、舌、身的實體，是沒有父母所生的肉體形相的，（凡是有形相的，一切都是虛妄相，沒有形相的，反而是實在的。）並不是凡夫的肉眼看得到的，要天眼才能夠看到哩！這種勝義五根，都依附在浮塵五根裏的，都是能夠有作用的。（作用，是有能力的，有用處的意思。）一個人眼能夠看，耳能夠聽，鼻能夠嗅，舌能夠嚐，身能夠觸，都是靠托勝義五根的，所以稱作勝義。

六塵的色與五蘊的色，為什麼有點不一樣，就是這個緣故。要曉得一個人的自性裏，原來是清清淨淨，不沾一點東西的。不但是五蘊都是空的，即使是眼、耳、鼻、舌、身、意，色、聲、香、味、觸法，也都是沒有的，都是空的。因為有了五蘊，才成了這麼一個身體的形相，有了這個身體的形相，才有什麼叫做眼、耳、鼻、舌、身、意。有了這個眼、耳、鼻、舌、身、意六種的妄相，才會眼看見色，耳聽到聲，鼻聞到香，舌嚐到味，身覺到觸，意生出種種的法來。

眼看見了色，就起一種色的相來了。耳聽到了聲，就一起種聲的相來了。這在佛法裏，就叫做相分。（相分的分字，和下面見分的分字，讀做份字音的，也就是一份一份的意思。相分是妄心起來的時候，在妄心裏出現的種種境界，在下面「無眼界，乃至無意識界」兩句經文底下，還有詳細點的解釋。）現在既然明白了一切都是空，五蘊也是虛妄的、空的，那麼這眼、耳、鼻、舌、身、意，色、聲、香、味、觸、法的來根，（因為這十二入，是有了五蘊才有的，是從五蘊變現出來的，所以五蘊可以叫做十二入的來根。）本來是空的，還能從什麼地方變現出這十二入來呢？

所以說空中不但是沒有色，沒有受、想、行、識，也沒有眼、耳、鼻、舌、身、意，也沒有色、聲、香、味、觸、法。這兩句，是為了被色迷惑得多，被心迷惑得少的凡夫所說。能夠明白這六塵都是空的道理，就是斷了見惑，就是明白我空的道理。（**見惑**，是不正當的見解，最容易迷惑人的，所以稱做惑，總共有十種。我空，是說這個我，完全是空的，沒有的。）就可以證得聲聞的初果須陀洹，（證得，是已經得到的意思。）也就是證得圓教的初信位了。這兩句，是說空裏沒有六根六塵，也就是沒有十二入。

無眼界，乃至無意識界。

解

眼、就是上面六根裏的眼。

在佛法裏，不論什麼法，都可以稱**界**。這六根、六塵、六識，既然可以稱做法，也可以稱做界。

乃至兩個字，是一直到的意思。就是說從眼界起，一直到意識界，中間所有的耳界、鼻界、舌界、身界、意界的六根，色界、聲界、香界、味界、觸界、法界的六塵，眼識界、耳識界、鼻識界、舌識界、身識界、意識界的六識，完全都包括在裏面了。這**六根**、**六塵**、和**六識**，合起來，就叫**十八界**。因為要說得簡便一點，所以就用乃至兩個字，來包括十八界。省得一樣一樣說出來。

識，是識神，就是我們現在所說的心。（在前面經題底下，有解釋的。）因為六根對了六塵就生出種種分別心來，這個分別的心，就叫識。

釋 這一段是說，不但是上面所說的十二入，在空裏本來是沒有的，甚至這十八界，本來也是沒有的，都是空的。

上面所說的六根對了六塵，只是眼看見有色，耳聽到有聲，鼻聞到有氣味，舌嚐到有味道，身覺到有觸，意覺得有法罷了。現在有了這個識，就有分別心了。

譬如眼看見了一種色，就要分別好看的、不好看的。耳聽到了一種聲，就要分別好聽的、不好聽的。鼻聞到了一種氣味、就要分別香的、臭的。舌嚐到了一種味道，就要分別苦的、甜的。身覺得有了觸，就要分別痛的、癢的。這都叫做**見分**。（一個人本來具有的真實性，清淨自然，安定不動，裏面沒有一點點虛妄的心念，外面沒有一點點虛妄的境界，和佛性本來沒有什麼兩樣。但是我們凡夫，在不知不覺裏，忽然動起妄念來了，像澄清的水，忽然起了一些波紋，就把這裏面的心念，與外面的境界，分成了兩份了。裏面的心念叫做見分，也可以叫**見分心**。外面的境界，叫做相分，也可以叫**相分境**。

見分的心念，能夠完全知道外六塵境界的形相，像上面所說的，眼看見了一種色，就要去分別他好看不好看，耳聽到了一種聲，就要去分別他好聽不好聽，所以叫見分心。

相分境，是所有的種種境界，無論好的、壞的，完全被見分心分別了，所以叫相分境，其實就是六塵境界的相。

總之六根裏，各有見分心的。六塵裏，各有相分境的。見分、相分的道理，很深的，我也不會詳細解釋，上面不過大略說說，看了能夠明白，當然最好，看了不明白，只好請法師詳細講解了。）

雖然六種都叫識，其實是不同的。眼、耳、鼻、舌、身五識，是專門在外面接觸各種境界的。只有這個意識，是躲在裏面出主意的，生出種種分別的見解來，就是這個**意識**。

一個人本來的真性，原本是和佛一樣的。在本性裏，凡是佛所有的好處，凡夫也都完全有，就因為這個本性，被妄心迷惑住了，本性裏原有的種種好處，都顯不出來了，就只因為有這個妄心在那裏亂來。所以佛是佛，凡夫是凡夫了。

佛有三種智，凡夫若能夠明白了真實的道理，顯出他的真實性來，那麼這種識，就都可以轉成**智**了，（識轉成智，在佛法大意裏頭講過的。）就是佛菩薩了。凡夫就因為迷惑深了，所以本來有的智，倒反轉成種種的識了，就永遠做一個凡夫了。

這六種識，都是依各種境界轉變的，所以叫**轉識**。這個識，本來是沒有的，本來是空的。

譬如有一朵五色的花，用眼識去分別它，才曉得這一朵花，是青色的、或是黃色的、或是赤色、白色、黑色的。若說這分別青、黃、赤、白、黑各種色的識，是眼裏生出來的，那麼為什麼沒有這朵花的時候，這分別青、黃、赤、白、黑的識，眼裏就生不出來呢？可見這個識，不是從眼裏生出來的了。若說識是從色裏生出來的，那麼沒有色的時候，識也就應該沒有了，怎麼又會分別它是沒有色呢？又可見識也不是從色裏生出來的了。

識既然不是從**根**裏生出來的，（根，就是眼。塵，就是色。）也不是從**塵**生出來的，那麼這個識，實在是空的、假的了。識既然本來是空的、假的，那其實就是沒有的了，識既然是沒有的，那麼完全只有這個**妙眞如性**，（眞如性，就是眞實性，沒有一切相的，所以稱妙。）是實在的了。

妙眞如性，是盡虛空、遍法界、沒有界限的。不像凡夫的妄識，凡夫的心量是很小的，有限制的，所以叫做界。

這兩句，是為了那些完全被心和色，迷惑的凡夫說的。明白了這種道理，就可以破法我執了。人我執、法我執，都破了，就可以證得阿羅漢果，在圓教就是第二信位以上的菩薩了。（第一信，只能夠**斷見惑**，從第二信起，才能夠漸漸的斷思惑，一直要到第七信，才能夠**斷盡思惑**。思惑，是貪心、瞋心，眾生常常被貪心、瞋心所迷惑，所以叫思惑。）

無無明，亦無無明盡，乃至無老死，亦無老死盡。

解

這是緣覺所修的**十二種因緣**，（因字，是種子的意思。緣字，是幫助成功的意思，又有從它生出來的意思。）就是**無明**、**行**、**識**、**名色**、**六入**、**觸**、**受**、**愛**、**取**、**有**、**生**、**老死**，十二種。

無明，是不明白真實道理的意思。

盡字，是完了的意思。

真空裏，沒有一點東西的，哪裏來的無明？既然無明是本來沒有的，哪還有什麼完盡、不完盡的呢？

老和**死**，是這虛假的軀殼，老了死了。虛假的軀殼，是妄心變現出來的虛假相。真空裏，哪裏會有虛假相呢？連軀殼的虛假相都沒有，還有什麼老死？更加沒有什麼老死盡了。詳細說來，總共有十二句，中間還應該有「無行、亦無行盡」、「無識、亦無識盡」等十句哩！現在說得簡單一點，所以用「乃至」兩個字，來包括中間的十句。

釋 這一段，是說十二因緣也都是空的。一個人本來有的真性，是靈妙清明得很，像佛一樣的。就因為這一念妄動，（一念妄動，就是一個一個的亂念頭亂動的意思。）迷惑了這個本性，把原來很靈明的智慧遮蓋住了。譬如一面很明亮的鏡子，積滿了灰塵，它本來有的明亮，哪裏還顯得出來呢？所以叫做**無明**。

行，是從前所造的種種善業、惡業，因為起了無明，就造出種種的業來，這就是從無明生出來，所以叫**無明緣行**。

識，是跟隨了業所現出來的境界，覺得與他有緣的地方，就去投胎了，這就從行生出識來，所以叫**行緣識**。

名色，是投了胎後，就有這個胞胎的形相。識本來是一個名稱，胞胎的形相叫色，合起來叫名色，這就是從識生出名色來，所以叫**識緣名色**。

六入，就是眼、耳、鼻、舌、身、意的六根。（因為六根、六塵，合併起來叫十二入，所以六根就可以叫六入。）有了名色，六根就漸漸的生完全，這就從名色生出六入來，所以叫**名色緣六入**。

觸，是初出胞胎的小孩，只曉得六根觸到六塵，還沒有分別的心，這就從六入生出觸來，所以叫**六入緣觸**。

受，是小孩到了五、六歲後，因為六根觸到了六塵，就領受這種種的境界了，這就從觸生出受來，所以叫**觸緣受**。

愛，是小孩從十四、五歲後，既經領受了種種的境界，就會生出愛的心，或是生出貪的心，就從受生出愛來，所以叫**受緣愛**。

取，是到了二十歲後，看見了愛的東西，或是愛的境界，就要想法去取了，就從愛生出取來，所以叫**愛緣取**。

有，就是業。因為有了取的貪心，就想出種種的方法，偷呀、搶呀、騙呀、造出種種的業來，就造成落在三界裏的因了，就從取生出有來，所以叫**取緣有**。

生，是有了種種善業、惡業的因，就會結成生在我們這個世界上的果來了，就從有生出生來，所以叫**有緣生**。

有了生，就有**老**、有**死**，就是從生生出死來了，所以叫**生緣老死**。（這十二因緣，在阿彌陀經白話解釋裏，「大阿羅漢」一句底下，也有解釋的，和這的解釋，大半差不多的，可以一起看看。）

這個無明一起，就牽牽連連生出這十二種因緣法來，就有生生死死，受無窮無盡的苦，永遠不得出頭。這十二種的無明，也叫煩惱道，就是惑。從無明的惑，就造出行的業來，所以這兩種是過去的業因。有了這兩種過去的業因，就會結識、名色、六入、觸、受，五種現在世的苦果。現在世既然做了人，又會生出愛、取、有三種業來。這三種業，是現在世的業因。有了這三種業因，就會結了將來生、老死的苦果。

有了惑，就造種種業。造了業，就結種種果。循環流轉，（所以十二因緣，也叫十二循環。）就永遠在生死裏了。這是從**無明**順著推究下去，一直到**老死**，叫做**生滅門**。

若是能夠倒轉來，細細的觀照，就可以曉得這十二種因緣，完全是空的。

一個人怎麼會有老死呢？因為有了生的緣故。

怎麼會有生呢？因為有了業的緣故。

怎麼會有業呢？因為有了貪心的緣故。

怎麼會有貪心呢？因為有了喜歡心的緣故。

怎麼會有喜歡的心呢？因為曉得了分別好壞的心的緣故。

怎麼會有這個分別好壞的心呢？因為懂得了領受六塵的緣故。

怎麼會懂得領受六塵呢？因為六根已經完全了的緣故。

怎麼會有六根呢？因為投了胎的緣故。

怎麼會投胎的呢？因為有了這個業識的緣故。

怎麼會有這個業識呢？因為種種的煩惱沒有停歇的緣故。

怎麼會有煩惱呢？因為有了這個煩惱根本的無明的緣故。

照這樣一層一層推究起來，十二種因緣，都是從這個無明發起來的。自己推想推想看，搜尋搜尋看，這個無明究竟在什麼地方？各處都尋不到，可見這個無明，實在是沒有實體的，實在是空的。

所以煩惱的根本

無明滅了，行也就滅了。

行滅了，識也就滅了。

識滅了，名色也就滅了。

名色滅了，六入也就滅了。

六入滅了，觸也就滅了。

觸滅了，受也就滅了。

受滅了，愛也就滅了。

愛滅了，取也就滅了。

取滅了，有也就滅了。

有滅了，生也就滅了。

生滅了，老死也就滅了。

（無明，是十二因緣的根本。所以修十二因緣，實在只要修滅除無明，無明滅了，十二因緣的根本就滅了，根本既然滅了，還有什麼會生出來呢？那十二因緣，本來就沒有了，還有什麼東西可以滅呢？）

這叫做**還滅門**。

從前唐朝有一個大官，叫魚朝恩，問南陽國師道：什麼叫做無明？無明怎麼樣起的？國師道：你這個衰相已經現出來的奴才，（衰相，是身體衰敗了，沒有用了的意思。）也問佛法嗎？那魚朝恩是做大官的人，向來受旁人奉承慣的，聽了這句話就大發起無明火來了。國師道：這就叫無明，這無明就從這樣起的。那魚朝恩聽了這兩句話，就豁然醒悟，無明瞬間就沒有了。

這樣看起來，無名不就是空的嗎？若是不空的，哪裏會生得這樣快，也滅得這樣快呢？

十二種因緣，都是從無明所起。無明是各種因緣的根，根既然是空的，從根上生出來的因緣，還有那一樣不是空的呢？這不必說就曉得了。

但是凡夫迷惑得很，所以有無明等十二因緣。緣覺明白了十二因緣的道理，曉得十二種因緣，都是從無明生出來的，所以就從這十二種的因緣上用功，把十二種因緣，一起滅除，就成了緣覺。但是緣覺沒有明白真空的理，不曉得十二因緣，本來是沒有的，有什麼可以滅呢？觀自在菩薩看見緣覺執著了十二因緣法，認為的確是有的，不曉得是空的，所以說這句話，使得緣覺明白這十二因緣法，本來是空的，可以破緣覺的法我執。

無苦集滅道。

解

苦、**集**、**滅**、**道**，是聲聞修的**四諦**。（諦字，是見到真實道理的意思。）

聲聞明白了苦、集、滅、道四諦的道理，就專心在這四諦上用功。但是聲聞只曉得修這四諦法，不曉得這四諦法也是空的，本來也是沒有的。

釋

這一段，是說四諦也都是空的。

苦，就是前面講過的三苦、八苦等種種苦。

集，是聚集的意思，就是聚集種種的煩惱，造成種種的業。

滅，是滅除種種的苦。

道，是修真實的道理。

集是苦的因，苦是集的果，因為有了種種煩惱惡業的因，才會結成種種苦的果，這是現在的因果。

滅是樂的果，道是樂的因，因為有修道的因，才會結成滅苦的果，這是將來的因果。

種種的苦，總不出三界生死。聲聞見到了生死實在是苦，所以就**修苦諦**。（所以有苦，就因為有生死。能夠了脫生死，那就三苦八苦，都沒有了。修苦諦，就是修了脫生死。）

無明沒有破的凡夫，一定有種種的煩惱，因為有種種的煩惱，就會造出種種的惡業來。造了種種的惡業，就一定要受種種的苦報。聲聞見到了這種聚集生死的苦因，所以就**修集諦**。（集諦，就是聚集種種苦的因。修集諦，就是修滅除無明，無明滅了，煩惱自然不會生。煩惱不生，就不會造出種種的惡業來了。不造惡業，就沒有受苦的因了。沒有因那裏會有果呢？）

並且見到了生死的苦，就覺得涅槃實在是有寂滅的樂處，所以就**修滅諦**。（修滅諦，就是修滅除生生死死的苦。）

所說的修道，大略說起來，就是修、**戒**、**定**、**慧**。（**戒**字，是禁止不許犯一切不合佛道的法。在家的修行人，受五戒，就是戒、殺、盜、淫、妄、酒，受了五戒的在家修行人，男可以稱**優婆塞**，女可以稱**優婆夷**。初出家的人，受了十戒，男稱**沙彌**，女稱**沙彌尼**。男出家人，受了兩百五十條戒，可以稱**比丘**，女出家人，受了五百條戒，可以稱**比丘尼**，這是最完全的戒了。修各種的**戒**，可以滅除貪心。

修**定**，是用定功，可以滅除瞋心。

慧是智慧，修慧可以滅除癡心。

瞋，是發火的意思。

癡，是愚癡不明白真實道理的意思。）聲聞看到了修這種道，可以了脫生死，證到涅槃，所以就**修道諦**。（修道諦，就是修種種真實的佛道。）

現在講起實在的道理來！

沒有苦，就是五蘊十八界，都是虛妄心所變現出來，也沒有實體，哪裏有什麼苦的相？

沒有集，就是所有一切的煩惱業，也是虛妄心造出來的，也沒有實體的，那有什麼聚集生死的相？

沒有滅，就是生死是虛妄相，涅槃其實也就是現相罷了！哪裏真有生死的苦？哪裏真有涅槃的樂呢？真性原是清淨得很，本來沒有生相的，哪裏會有滅相呢？

沒有道，就是一切的法，都是中道第一義諦。

說到修戒定慧，滅貪瞋癡，已經是著相的話了。著相的話，就不是中道第一義諦，不是中道第一義諦，就不是佛法。**所以苦集滅道四諦，其實本來都是沒有的，都是空的。**（佛法大意裏，講到苦就是法身，生死就是涅槃，煩惱就是菩提，戒、定、慧就是貪瞋癡的道理，都講得很明白，可以詳細看看，看明白了，這無苦集滅道的道理，也就都明白了。）

但是佛也並不是不講四諦的，涅槃經上說：（涅槃經，是一部佛經的名稱。）我昔與汝等，不見四真諦，是故久流轉，生死大苦海。這四句的意思，就是說：從前我和你們，都因為見不到四諦的道理，所以長久長久以來，總是在這個生了又死、死了又生的大苦海裏，流來流去，轉來轉去，跳不出生生死死的苦。

照這四句偈的意思，那是要跳出這個生死大苦海，一定要講究四諦，怎麼在這裏又說都是空呢？這是有道理的，因為要修佛法，對了這四諦，和前面的十二因緣，當然都應該要曉得。不過明白這種道理就好，不可以專門著牢在這四諦、十二因緣上面。

譬如一塊敲門的磚塊，敲門的時候，當然要用這塊磚的，等到門敲開了，這塊磚就應該要拋去。金剛經上說：知我說法，如筏喻者。（筏，就是竹或木編成了一排一排的，俗話叫竹排、木排，用來擺渡過河的。）這兩句的意思，就是說這個筏，是用來擺渡的，要擺渡的時候，自然少不得這筏，等到渡過了河，這個筏就應該要拋掉，不拋掉，就反倒不能夠登岸了。

聲聞著牢在這四諦上面，就被四諦束縛住，所以觀自在菩薩，特地為聲聞說這幾句話，使得聲聞明白這四諦法是空的，可以破聲聞的法我執。

無智亦無得，

解 **智**就是智慧。

上面說了種種都是空的，那麼還有什麼叫做智慧？還有什麼可以得到呢？

釋 智慧，本來是針對愚癡說的。眾生都是被無明迷惑住，才變成愚癡的，本性原來是很靈明的，哪裏有愚癡的道理呢？既然原來沒有愚癡，本性原來很靈明清淨，還有什麼叫做智慧，智慧還有什麼用處呢？所以叫**無智**。

既然明白了五蘊、六入、十二處、十八界，都是空的，那麼人我執、法我執，都已經破了。兩種執著都破了，那能得的人、所得的法，都已經沒有了，還有什麼可以得呢？

金剛經上說：**無有少法可得**。就是說修行的人，一直修到成佛，還是沒有一點點法可以得到的，所以凡是可以得到的法，一定是虛妄法，一定不是真實的佛法。

要曉得各人本來有的妙真如性，佛與凡夫是一樣的，凡夫因為一念妄動，（一念妄動，是轉亂念頭的意思。）把本來有的妙真如性，完全被無明遮蓋住，就成了凡夫了。倘若能夠明白一切法都是空的道理，把無明去得清清淨淨，本來有的妙真如性，就淨裸裸的完全顯露出來，那就成了佛了。所以成佛、不成佛，哪裏有什麼法可以得到呢？哪裏有什麼法幫助了才成佛的呢？

況且所說的得，是本來沒有的東西，現在忽然有了，才可以叫得。現在所說的妙真如性，就是個個人本來有的佛性，既然是本來有的，還有什麼叫做得呢？那麼，法都沒有，還有什麼可以得呢？倘若有法可以得到，就是著相，就不是佛法，所以叫**無得**。

照這樣說起來，佛的成佛，並不是得到了什麼才成佛的，倒是去掉了一些，才成佛的？去掉什麼呢，就是把無明去得清清淨淨，就成佛了。

一個人本來的清淨心裏，凡是佛所有的好處，沒有一樣不完備的。所以華嚴經上說：**心**、**佛**、**衆生**，是三**無差別**。（心佛兩個字，大略有三種解釋：成佛不成佛，全在這個心，所以叫心佛。又心裏現出來的佛，就叫心佛；又這個心就是佛，所以叫心佛。差別，是相差、分別的意思。）這兩句的意思，是說佛和眾生，雖然是大不相同的，但是成為眾生是這個心，成為佛也是這個心。心要成佛，就成佛。心要成眾生，就成眾生。心能夠通佛，也能夠通眾生。心呀！佛呀！眾生呀！說起來雖然是三種名稱，其實都是這一個心，沒有別的東西，也沒有什麼分別的，所以說是三無差別。

不過這個本來的清淨心，被無明遮蓋住了。譬如一個百寶的玻璃瓶，被一重一重的黑紙裹住了，瓶裏頭種種稀奇巧妙的寶，都顯露不出來，就沒有人曉得這是一個寶瓶了。只要能夠把外面裹上去的黑紙，一層一層的都剝光了，那麼，瓶裏頭的百寶，都光明照耀的顯露出來，大家就曉得這是一個百寶瓶了。

照這個比喻講起來，其實並不是把百寶裝進瓶裏去了，才成一個百寶瓶，其實是剝去了外邊包裹的黑紙，這個瓶裏，本來有的百寶，就露出來了，所以叫**無得**。但是瓶裏雖然本來有百寶的，究竟要把外邊裏的黑紙剝去了，百寶才能夠顯露出來。那麼，剝去黑紙，就是修行人修的功夫。所以說性德雖然完備，究竟還要靠修德，（性德，是真性裏本來有的種種好處，比喻百寶瓶裏本來有的百寶。修德，是修的功夫，比喻剝去百寶瓶外邊包上去的黑紙。）才能夠顯出來的。

從上面「空中無色」一句起，一直到這「無智亦無得」，都是說**五蘊**、**六入**、**十二處**、**十八界**、**十二因緣**、**四諦**，**種種的法**，**沒有一個法不是空的道理**，這都是**大乘法**的真實道理。不但是凡夫不明白，就是二乘也沒有完全明白，所以觀自在菩薩一層一層的說破了，使得修般若波羅蜜多的眾生，都明白這種道理，可以專心的去修。

但是不明白的人，想起來，既然一切法都是空的，那麼不必要修了，就是造了殺、盜、淫、妄的大惡業也是空的，造了有什麼要緊呢？要曉得殺、盜、淫、妄，確然是虛妄心裏現出來的虛妄法，的確也是空的，不是真實的，但是因果是天然有的道理，種了因一定要結果的。

殺、盜、淫、妄，雖然是虛妄的，不過既然種了那種虛妄的因，也就會結成虛妄的果。既然種了惡因，就一定要結苦果。這種虛妄的果報，受起來也就苦到不得了的。

不要說三惡道的種種苦，實在難受，就是前面講過的八種苦、七種難，也已經很不容易受了，不要說小三災、大三災，（小三災、大三災，在阿彌陀經白話解釋裏「無量無邊阿僧祇劫」一句底下，有很詳細的解釋。）哪裏還經得起呢？到了這種苦難來的時候，你能夠把它看空了，儘管去受，不覺得苦嗎？你有這樣的功夫嗎？做得到這樣的地步嗎？

所以這種空的道理，是應該要明白的。明白了這種都是虛妄的道理，就應該要向真實的道理上去做。若是曉得了虛妄的道理，還去造這虛妄的業，那麼將來的受苦，就說也說不盡了，這是很要緊的，不可以不分清楚。

這上面從「色不異空」一句起，一直到這「無智亦無得」，都是講**修因**的道理。（修因是修成佛、成菩薩的因。）下面從「以無所得故」一句起，一直到咒，都是講**證果**的道理了。（證果是已經修到了聖人、賢人的果位。佛、菩薩、阿羅漢都是聖人，阿羅漢以下的果位，都是賢人。）

以無所得故。菩提薩埵，

解

以字，是因為的意思。

菩提薩埵是梵語。現在大家說得簡單了，就只說菩薩兩個字。（在「觀自在菩薩」一句底下，有詳細解釋。）

因為沒有什麼可以得到的緣故，才能夠成為菩薩。

釋

凡夫都是著在有的一邊，無論什麼虛妄的境界、虛妄的事情、虛妄的東西，總認為有的。因為認為有的，就生出種種的貪心、分別心、煩惱心來了，就永遠在三界裏，生生死死，跳不出輪迴的苦了。菩薩明白了人與法，都是空的道理，還有什麼可以得呢？（世界上除了人，別的一切，都可以叫法。人與法，既然都是空的，還有什麼可以得呢？）

金剛經上說：**實無有法，名爲菩薩**。就是說實在什麼法都沒有了，人我執，法我執都空了，才可以稱菩薩。若是有所得，就要有所失了。（這兩句，在下一段裏，還有解釋的。）得與失的兩種心，常常放在肚子裏，不修道的人，都不可以這樣，何況修道的人呢？

這種心思，不但是凡夫不能夠看破，就是二乘聖人，只能夠看破一半。所以雖然破了人我執，還沒有破法我執。雖然破了見思惑，還沒有破**塵沙惑**。（**塵沙惑**，是佛菩薩教化眾生的一種障礙。教化眾生修佛道，一定要明白像塵沙那樣多的法門。眾生的心性，愚癡的多，不能夠明白像塵沙那樣多的法門，所以叫塵沙惑。）哪裏能夠像菩薩的智慧，能夠把一切的虛妄相，一起看破呢？所以一定要心裏能夠湛然清淨，（湛然，是形容清淨光明，一點也沒有渣滓的意思。）不染一塵。（這一句的意思就是不染到一點點的污穢。）才可以成菩薩。

依般若波羅蜜多故，心無罣礙，

解

罣，是牽掛的意思。
礙，是阻礙遮隔的意思。

能夠依照了般若波羅蜜多的方法去修，所以心裏就自在得很，沒有甚麼牽掛阻礙了。

釋

心有**罣礙**，就是沒有智慧的人，不能夠明白空的道理，錯認了這個五蘊假合成的身體是我，就從這六根上起出貪心、瞋心、癡心、妒忌心，種種的妄心來了。一天到夜，紛紛擾擾，竟然沒有一秒鐘，肯放這個心安閒自在，沒有罣礙的。

若是能夠明白一切都是空的，連這個身體的假形相，也是空的，那麼這個心，就可以少罣礙了。但是要明白這種道理，一定要依照般若波羅蜜多的法門去修才能夠做得到。

修的功夫，一天深一天，妄想心就一天少一天。妄想少一分，智慧就顯一分。智慧越顯，這個真心也就越發顯露出來，就不會被虛妄的境界轉動了，心就自在受用，沒有罣礙。**沒有罣礙，就完全解脫了**。（解脫的解字，意思是沒有束縛，能夠自由自在。）

一個人本性裏，原有**法身**、**般若**、**解脫**三種德的，因為被無明所迷惑住了，這三種德，都顯不出來了。菩薩修了般若，這解脫德也就顯出來了。

無罣礙故，無有恐怖，

解

恐，是怕的意思。

怖，是嚇的意思。

釋

恐，是從外面的境界生出來的。怖，是心裏生出來的。沒有智慧的人，常常會轉不合道理的念頭，或是做不合道理的事情，所以就覺得這樣也牽掛、那樣也有障礙，東也覺得不妥當、西也覺得不安穩，就生出種種懼怕驚嚇的心來了。或是因為造了種種的業，良心忽然發現起來，就覺得將來受起三惡道的報應來，苦得很，或是怕人家要來報復了，就生出了種種的恐怖心來了。

一個人最容易生出大恐怖來，是在臨死的時候。因為一生所造的惡業，或是前生所造的惡業，到了臨死的時候，這種報應的相，就會現出來。所以人到臨死的時候，往往現出種種懼怕驚嚇的形狀來，就是看見了這種種惡報相的緣故。這是說有冤業的各種情形。

還有一種天魔邪教，只要一個人心裏不清淨，沒有智慧，沒有靜定的功夫，這種種的魔，就用它一切邪教的法術，現出種種的形相，或是來引誘，或是來恐嚇。到了那個時候，躲也躲不開，趕也趕不去，使得心裏，不能夠有一刻的安閒。這都是因為**業障**深重，（**業**，是罪業，**障**，是阻礙的意思，因為有了罪業，就阻礙了我們修行的路，所以叫**業障**。業障兩個字，在阿彌陀經白話解釋末後：「拔一切業障根本，得生淨土陀羅尼」一句咒題底下，有詳細的解釋。）就會有這種恐嚇的事情，懼怕的境界來了。

若心裏清清淨淨，自在得很，一點也沒有罣礙，依照般若波羅蜜多的方法去修，哪裏還有業障呢？哪裏還會生出恐怖來呢？即使已經有的業障，也可以消去了。沒有業障，就沒有罣礙。沒有罣礙，自然就沒有恐怖了。沒有恐怖，就大大的自在、大大的安樂，沒有一點點的苦惱，就解脫得很了。

遠離顛倒夢想，究竟涅槃，

解

顛倒，是迷惑的意思。
究竟，是到底的意思。

顛顛倒倒的夢，顛顛倒倒的想念，都要遠遠的離開，不可以有的。能夠遠遠的離開這種顛倒的夢想，最後終於能夠成涅槃了。

釋

一個人就因為有了業，所以有罣礙，有恐怖。有了罣礙恐怖，這個心一定是顛顛倒倒，散亂不定的了。日間妄想多，夜間一定亂夢多，這種顛顛倒倒的夢想，就是生死的根，所以一定要遠遠的離開它，才能夠斷這生死的根，可以終究證到涅槃。

但是一定要心裏沒有罣礙恐怖，才能夠遠離這顛倒的夢想，這就要依靠本來有的智慧，才能夠做得到。日間心裏沒有顛倒的想，夜間睡了沒有顛倒的夢，那麼心思已經很清淨，妄念已經斷絕，還有不能夠證到涅槃的嗎？

楞伽經上說：（楞伽經，是一部佛經的名稱。）一**念不生**，**即如如佛**。（如如，是真實平等的意思。）這是說一點點妄想也不生了，就是佛了。顛倒夢想，本來就是妄想，能夠遠離了顛倒夢想，就遠離了妄想。妄想遠離了，那就只有清清淨淨的真實心，便舒服自在得很，的確可以成佛了，所以叫做**究竟涅槃**。並且有了妄想，就有種種的煩惱，煩惱是生死的因，生死是煩惱的果，妄想能夠遠離，就沒有煩惱了。沒有了煩惱，就沒有生死的因，生死的因，既然沒有了，哪裏還會有生死的果呢？所以沒有生死，就涅槃了。

不過涅槃也有分別，二乘所證的，雖然也可以叫涅槃，但是不像菩薩所證的涅槃。因為二乘的**分段生死**，（這個分字，是有期限的意思。就是說三界，六道眾生的形體，在這一道裏死了，又投生到那一道裏去，都跟了前生所造的善業、惡業，各種因緣、果報，轉變他的壽數和形體。）雖然已經斷了，還有變易生死沒有斷，（**變易生死**，是三界外眾生的生死。變易，是變換的意思，就是變換地位，像聲聞裏的初果，修上去得到二果的地位，再修上去到三果、四果的地位，地位變換了，形相也跟著變換，就叫做變易生死。其實並不是生死，這和三界裏眾生的生死是不一樣的。三界裏的眾生，就是六道裏的眾生，三界外的眾生，就是菩薩、緣覺、聲聞。）所以不能夠稱究竟。菩薩雖然說起來是斷了變易生死，但是無明還沒有破盡，還有一些微細的變易生死沒有斷盡，所以雖然證到涅槃，也還不能夠稱做**究竟**。

現在所說的，是菩薩依照了般若波羅蜜多的方法，修到了不但是日間沒有顛倒的妄想、連到夜間也沒有顛倒的亂夢，心裏極為清淨，已經成佛果了，所以叫究竟涅槃。

這是用智慧來觀照顛倒夢想，曉得了本性裏，本來是完全清淨的，沒有一點點迷惑，所以能夠遠離顛倒夢想，成了般若德。這**法身**、**般若**、**解脫**三德都成了，還有不證**大涅槃**的嗎？（**大涅槃，就是究竟涅槃。**）到了證得大涅槃，才可以算是度盡一切苦厄了。觀自在菩薩度苦厄的道理，才算圓滿了。

從「以無所得故」一句起，一直到「究竟涅槃」的八句經文，是說明白菩薩和佛，怎麼到究竟涅槃的地位？那都是修了般若波羅蜜多的緣故，才能夠心無罣礙，斷絕恐怖，遠離顛倒，消滅夢想。所以般若波羅蜜多，真是醫治五蘊的良方妙藥。

又罣礙是業，恐怖是苦，顛倒夢想是惑，因為有惑就造業，因為造業就受苦。現在有了般若波羅蜜多的良方妙藥，就可以滅除惑、業、苦三種大病，就能夠到究竟涅槃、無上快樂的地位。

下面再講到諸佛能夠得阿耨多羅三藐三菩提，（這一句，下一段裏，就會解釋清楚。）也是修了般若波羅蜜多的緣故，那就更加可見般若波羅蜜多的妙了。

三世諸佛，依般若波羅蜜多故，得阿耨多羅三藐三菩提。

解

世，是時代的意思。

三世，是過去世、現在世、未來世。（未來，是還沒有來，就是將來的意思。）

諸佛，是說十方三世一切的佛。說了三世，就把十方包括在裏面了。

阿耨多羅三藐三菩提，是梵語，就是成佛的意思。

這三句，是說三世十方一切的佛，依照了修般若波羅蜜多的法門，所以都能夠成佛。

釋 **阿耨多羅三藐三菩提**，翻譯成中文，**阿**，就是無字。**耨多羅**，就是上字。**三**，就是正字。**藐**，就是等字。**菩提**就是覺字。合起來說，就是**無上正等正覺**六個字。

把它分開來解釋，無上，就是最高上的意思。正等，是沒有邪見、偏見的意思。（偏見，是偏在一邊，不正的見解。）正覺，不像外道的那種偏見、邪見，是正當的覺悟。總之這六個字的意思，就是佛的智慧，就是成佛。

凡夫被無明遮住了本性，迷惑得很深了，所以不能稱做覺。二乘雖然稍有覺悟，但只明白了真諦的理，偏在空的一邊，所以不能稱做正。菩薩雖然得到正等菩提，但是無明還沒有破盡，終究還不能夠比佛，所以不能稱無上。只有佛是迷惑妄想，完全斷絕，**三覺**一齊圓滿，（**三覺**，就是**自覺**、**覺他**、**覺行圓滿**。在「觀自在菩提」一句底下已有詳細解釋。）所以能夠稱無上正等正覺。

這三句的意思，是說依般若波羅蜜多的法門去修，不但是可以成菩薩，就是三世十方一切的佛，超生死，入涅槃，度眾生，成正覺，哪一樣不是依照這個法門修成的？可見得這個智慧，實在是不得了。

有智慧，才能夠曉得自性本來清淨。

有智慧，才能夠曉得自性本來沒有生滅。

有智慧，才能夠曉得五蘊、十二入、十八界、十二因緣、四諦，都是自己的妄心變現出來的。

有智慧，才能夠曉得一切都是空相，自己的心，不被這空相所搖動改變。

有智慧，就覺悟不迷。

沒有智慧，就迷惑，就不覺。迷、就是凡夫。覺、就是佛。

這全在有沒有智慧的分別。所以智慧是最要緊、最寶貴的。

這本心經，是完全把這個智慧做本體的，所以說到成佛，已經是究竟處了，（究竟處，就是到了盡頭，到了極頂了。）沒有可以再近一步，再高一層了。

故知般若波羅蜜多，是大神咒，是大明咒，是無上咒，是無等等咒，

解

咒，梵語叫陀羅尼。翻譯成中文，是「總持」兩個字。（持字，本來是用手來拿東西的意思。總持，是拿了一種，就各種都拿到的意思。譬如念一種經，就各種經都念到了，念一種咒，就各種咒都念到了，拜一尊佛，就各尊佛都拜到了。一可以通無量數，無量數可以合歸一，所以叫總持。）

大神，是有大神力的意思。

大明，是有大光明的意思。

無上，是沒有其他能夠勝過的意思。

等字，是一樣的意思。

無等等，是沒有同他一樣的意思。

因為依照般若波羅蜜多的法門去修，就可以修成菩薩，修成佛。所以曉得修這個般若波羅蜜多的法門，就等於是修了有大神力的咒、修了有大光明的咒、修了沒有其他能夠勝過的這個咒、修了沒有和這個咒一樣的咒，這是說這個般若波羅蜜多的法門，實在是不得了。

釋

這一句般若波羅蜜多，是經，並不是咒。現在也稱做咒的道理，是這個般若波羅蜜多的法門，靈驗奇妙，和咒有同樣的功用，（功用的功字，是功效的意思。用字，是用處的意思。）所以稱咒。

因為能夠消滅一切虛妄的心，念了能夠破除一切邪魔的障礙，和有大力的真言咒語，有同樣的大功效，所以叫**大神**。

能夠滅除眾生昏暗的心思，愚癡的念頭，像光明大咒一樣的能夠破一切黑暗，所以叫**大明**。

並且這種神力，這種光明，不是尋常的，所以叫**大**。因為有般若的力量，能夠使得萬行圓滿，（行字，就是修行的功夫，同前面「功行」的行字一樣的。**萬行**的萬字，並不是恰巧有一萬種修行功夫，是說所有一切修行的功夫，多得很，都修完全了。圓滿，就是完全的意思。）是最高，是超過一切的咒，沒有比這個咒更加高的了，所以叫**無上**。

佛的德慧，（德，是功德。慧，是智慧。）是最高的，勝過一切的，沒有能夠和佛一樣的，所以叫**無等**。

這裏說與無等的佛是相等的、一樣的，所以叫**無等等**。（無等兩個字，就是說佛。無等等、是說與佛相等，就是與佛一樣的意思。）

這四句，是讚般若的功用，大得不得了，妙得不得了。

能除一切苦，真實不虛。

解

上面所說般若波羅蜜多的功用，**能**夠滅**除一切苦**的，是**真實**的，**不**是**虛**假的。

釋

上面四句咒，都是稱讚般若波羅蜜多的妙用。（妙用，是奇妙的用處。）是什麼妙用呢？就是能夠滅除一切苦的妙用。佛所以哀憐眾生，就因為眾生有一切苦的緣故，現在有了般若波羅蜜多的絕妙法門，能夠滅除一切的苦，是這種功用的妙。哪裏能夠用言語稱讚得盡呢？

能夠滅除一切的苦，就是上面度一切苦厄的意思。但是不依照般若波羅蜜多的法門來修，智慧顯不出來，就不能夠明白一切都是真空的道理，那麼怎麼能夠滅除一切的苦呢？

觀自在菩薩還怕眾生的信心不切，所以又說般若波羅蜜多這一句咒，能夠滅除一切的苦，是真實的，一點也不虛假的，大家可以相信，可以依照去修的，這真的是從菩薩大慈大悲、救苦救難的心裏發出來的真心話。

故說般若波羅蜜多咒，即說咒曰：揭諦，揭諦，波羅揭諦，波羅僧揭諦，菩提薩婆訶。

解

因為這個般若波羅蜜多咒，能夠滅一切的苦，所以觀自在菩薩說這個祕密的咒，就說出這四句咒來。

釋

從這部心經開頭起，一直到上面「真實不虛」一句，說般若波羅蜜多，都是明顯說的經。念明顯說的**經**，可以使人明白義理，增長智慧。念祕密說的**咒**，可以使得人增長福德。所以這一部心經，實在是**顯密融通**，（這一句，就是明顯和祕密，融合在一處的意思。）有**福慧雙修**的妙用。（這一句，就是說福和慧，一起都修的意思。）

總之無論明顯說、祕密說，都是說般若波羅蜜多的功用，照這個法門去修，就可以成菩薩、成佛。誠心念這個咒，也可以成菩薩、成佛。

因為，或是成佛菩薩、或是墮落三惡道，都在這個心。心覺悟，就是佛菩薩，心迷惑，就是三惡道。所以說一**切唯心**。（這一句，是說不論什麼境界，什麼事情，什麼東西，都是這個心變現出來的，心善、就變現出善相來，心惡、就變現出惡相來。）觀無量壽佛經上說：**是心想佛**。是心即是**三十二相**，**八十隨形好**。（三十二相，是三十二種特別的好相，是佛修福修到了百劫的長時期，才能夠現出這三十二種好相，顯出佛眾德圓滿，使看見的人，都會發生恭敬的心。

八十隨形好，也可以叫八十種好，這是把三十二種好相，又分別成八十種好相。隨字，是跟隨的意思，也有「從這裏頭發生出來」的意思。因為這八十種好，是跟隨了三十二種好，才發生出來的，所以叫**隨形好**。如果要把三十二相，八十隨形好，一種一種都講出來，再加上詳細的解釋，那就太繁雜了，所以無法再多講，若是要詳細知道，可以查看新編的觀無量壽佛經白話解釋裏，有三十二相，八十隨形好的註解。）就是說這個心專門想佛的時候，這個心就現出佛的相來了。（上面所說的三十二相，八十隨形好，都是佛相。）

因為眾生的本性，原是和佛一樣的，被妄想把本性包住了，本性就顯不出來了，本性既然顯不出，那麼佛的種種好相，自然也都顯不出來。到了一心想佛的時候，沒有一點點妄想，這個本性，就現出自己原有的佛相來了。

經上又說：**是心作佛，是心是佛**。（兩個「是心」的是字，都是這個的解釋，是心，就是這個心。作字，可以當做想字解釋，或是當做作觀的作字解釋。）就是說這個心專門想佛的時候，心裏清淨得很，可以感應他方的佛，還可以顯出自己心裏本來有的佛，所以只要想佛、念佛，就成了佛。

總之看見佛、沒看見佛，現出佛相、不現出佛相，成佛、不成佛，都是這一個心。

我說出一個證據來，大家就曉得這句話，是確實的了。唐朝有一個很有名的畫師，叫吳道子，他起初專門畫馬，他畫馬，都是畫八匹馬，叫八駿圖。（好馬叫駿。）他畫了七匹馬，都畫得很好，只有一匹仰天睡在地上的馬，老是畫不好。他就睡在床上，學馬仰天睡在地上的樣子，天天一心去描摹。有一天，他的夫人到他房裏去，並沒看見吳道子，只看見床上睡了一匹馬，後來吳道子曉得了，他想這個心專門想了馬，自己的形相，就成了馬，形相常常像馬，那將來要落到畜生裏去了。所以他就不畫馬，專門畫觀世音菩薩的像，他也畫得很好。有一天，他要畫觀世音菩薩入定的像，又老是畫不好，他又在房裏一心學觀世音菩薩入定的樣子，恰巧他的夫人又走進房裏去，又沒看見吳道子，只看見一尊觀世音菩薩，坐在房裏。照這樣講起來，是只要這個心一心想什麼，就會像什麼，那還不是**萬法唯心**，（萬法、唯心，是說所有一切的法，都是自己的心造出來的。）**是心作佛**，**是心是佛**嗎？

所以成佛菩薩，其實完全都在自己的心，這就是觀自在菩薩說這本心經的意思。但是心是人人所有，為什麼一樣的一個心，有的成佛、成菩薩，有的墮落到畜生、餓鬼、地獄道裏去呢？這就全在這個**智慧**了。

有智慧，才能夠分辨苦樂。

有了智慧，才能夠分辨正邪。

有了智慧，才能夠分辨聖凡。（聖，是聖人。凡，是凡夫。）

有了智慧，才能夠只造善業，不造惡業。

有了智慧，才能夠不修小乘法專修大乘法。

所以佛說六百卷大部般若經，沒有一卷不是重在**般若**，這又是觀自在菩薩說這部般若波羅蜜多心經的意思。

講到咒，本來是祕密的，向來沒有翻譯，更加沒有解釋。（咒不解釋的道理，有五種，在朝時課誦白話解釋裏，「楞嚴咒」底下，說得很明白。）只要一心至誠的念，不論什麼心願，都可以成功。

新版　心經白話解釋　終

心靈札記

心靈札記

心靈札記

心靈札記

心靈札記

心靈札記

黃智海居士簡介

黃智海居士（一八七五～一九六一），名慶瀾，字涵之，法名智海，上海人，前清貢生，曾任湖北德安宜昌知府。

後留學日本、回國後，創辦上海南華書局、上海三育中小學、上海法政學校。

一九一二年（民國元年），曾任上海火藥局局長、上海高級審判廳廳長。後又任浙江溫州甌海道道尹，一度兼任甌海海關總督，又調任寧波會稽道道尹，後又任上海特別市公益局局長。

一九二二年，上海佛教淨業社成立，被推為該社董事。

一九二六年，與王一亭、施省之、關絅之等發起組織上海佛教維持會，對維護佛教作出貢獻。

一九二九年，與印光法師等在上海覺園發起成立弘化社。

一九三五年，任中國佛教會常務理事。同年與胡厚甫等在上海覺園發起成立具有國際性的佛學團體——法明學會，任副會長。

一九三六年，任上海佛教徒護國和平會理事。是年，又任上海慈善團體聯合救災會副主任，兼任救濟戰區難民委員會副主任。

一九四五年，任中國佛教會整理委員會委員。

一九四七年，任中國佛教會上海市分會理事兼福利組主任。隨後，當選為上海市人民代表及上海佛教淨業社社長。

一九五六年，被推為上海佛教淨業居士林名譽主任理事。

一九六一年，逝世，享壽八十七歲。

黃智海居士中年皈依佛教，是淨土宗印光法師弟子，對淨土宗頗有研究。所著「阿彌陀經白話解釋」及「初機淨業指南」兩書，當時譽為淨土宗初機最佳良導。

他晚年發願把「淨土五經」都寫成白話解釋，來弘揚淨土宗，後來他寫的「觀無量壽佛經白話解釋」、「普賢行願品白話解釋」都已出版。「無量壽經白話解釋」寫了一大半，因年老多病，沒有完成。

他還撰有「了凡四訓」、「心經白話解釋」、「佛法大意」、「朝暮課誦白話解釋」等。他的著作，都是用淺顯通俗的白話文寫成，對全國各地佛教信眾起了廣泛的影響。

國家圖書館出版品預行編目(CIP)資料

心經 白話解釋/黃智海著. -- 三版. -- 新北市：笛藤出版, 2025.04
面； 公分
ISBN 978-957-710-967-5(平裝)

1.CST: 般若部

221.45 114003368

心經 白話解釋（三版）

2025年5月27日 三版1刷 定價200元

著　　者	黃智海
監　　製	鍾東明
封面設計	王舒玗
總 編 輯	洪季楨
編　　輯	葉艾青．葉雯婷
編輯企劃	笛藤出版
發 行 所	八方出版股份有限公司
發 行 人	林建仲
地　　址	新北市新店區寶橋路235巷6弄6號4樓
電　　話	(02)2777-3682
傳　　真	(02)2777-3672
總 經 銷	聯合發行股份有限公司
地　　址	新北市新店區寶橋路235巷6弄6號2樓
電　　話	(02)2917-8022．(02)2917-8042
製 版 廠	造極彩色印刷製版股份有限公司
地　　址	新北市中和區中山路二段380巷7號1樓
電　　話	(02)2240-0333．(02)2248-3904
劃撥帳戶	八方出版股份有限公司
劃撥帳號	19809050

◆版權所有，請勿翻印◆
◆本書裝訂如有缺頁、漏印、破損請寄回更換◆